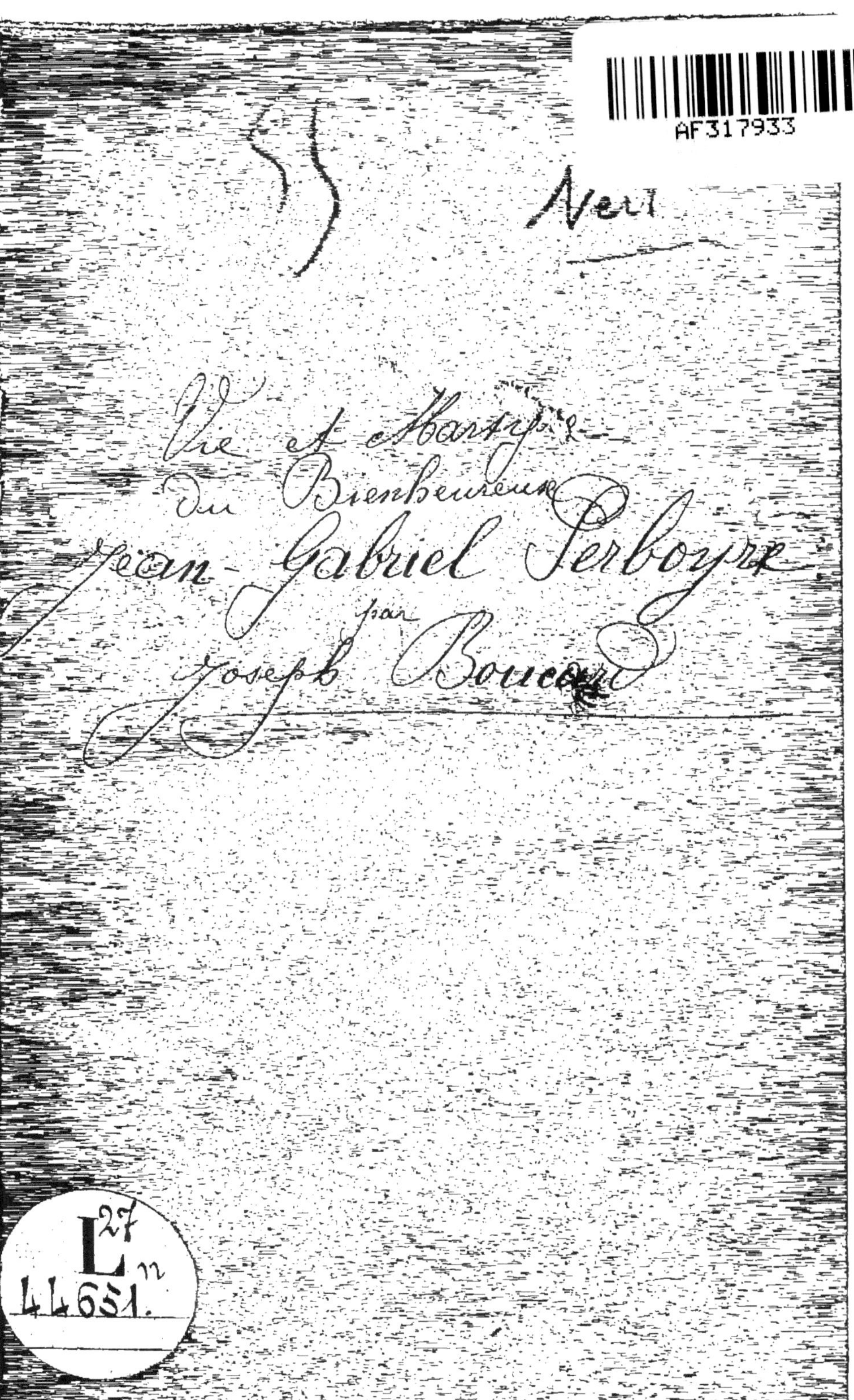
Neu
Vie et Martyre
du Bienheureux
Jean-Gabriel Perboyre
par
Joseph Boucart

VIE ET MARTYRE

DU BIENHEUREUX

JEAN-GABRIEL PERBOYRE

3e SÉRIE IN-12

Martyre du bienheureux Perboyre.

VIE ET MARTYRE

DU BIENHEUREUX

JEAN-GABRIEL PERBOYRE

PRÊTRE DE LA CONGRÉGATION DE LA MISSION DE SAINT-LAZARE

MORT POUR LA FOI EN CHINE

PAR

JOSEPH BOUCARD

TOURS

ALFRED MAME ET FILS, ÉDITEURS

1897

A MONSIEUR LE COMTE

HENRI DE BONNEVIE DE POGNIAT

Monsieur le comte,

C'est à vous et à la mémoire de ceux dont vous gardez un impérissable souvenir de filiale affection que je suis heureux de dédier ce livre, en témoignage de ma reconnaissance.

Je serai très honoré si, comme je l'espère, monsieur le comte, vous agréez mon hommage, si modeste soit-il, avec votre bienveillance habituelle.

En vous offrant la dédicace de mon humble travail, monsieur le comte, ma pensée se porte aussi respectueusement vers votre vénérable aïeule Mme la comtesse de Mons et vers Mme la comtesse votre digne épouse.

Que le glorieux martyr que l'Église vient de proclamer bienheureux obtienne pour vous et les vôtres *tous les bonheurs temporels et éternels* que vous méritez.

JOSEPH BOUCARD.

Paris, en la fête de saint Henri, 1896.

VIE ET MARTYRE

DU BIENHEUREUX

JEAN-GABRIEL PERBOYRE

I

MODESTE DISCOURS PRÉLIMINAIRE

Nous allons faire le récit de la vie et du martyre du bienheureux Jean-Gabriel Perboyre, prêtre de la congrégation de la Mission de Saint-Lazare.

Quoique cette vie ait déjà été écrite par un prêtre de la même congrégation, nous pensons néanmoins faire œuvre utile en présentant à l'édification de nos lecteurs, sous une forme personnelle à nous, le tableau des vertus de ce saint [1] religieux,

---

[1] En donnant au bienheureux Perboyre, dans le cours

que l'Église vient de proclamer Bienheureux. On ne saurait jamais trop raconter la vie des Saints.

Nous n'avons pas la prétention de faire mieux que notre honorable devancier; loin de nous également l'orgueilleuse pensée qu'en écrivant la vie du bienheureux Martyr, nous ajouterons un joyau à sa couronne. C'est une œuvre d'édification que nous voulons faire plutôt qu'une œuvre de glorification, d'autant plus que nous sentons très bien que notre voix est trop faible pour chanter dignement les louanges des saints. Nous allons néanmoins la faire entendre timidement, et nous demanderons à Dieu qu'elle ne soit pas trop discordante.

Nous voulons montrer jusqu'à quel degré d'héroïsme à supporter avec patience et même douceur les supplices les plus longs et les plus affreux peut arriver une âme embrasée de l'amour de Dieu, forte-

de ce récit, le qualificatif de saint, nous n'avons pas l'intention de préjuger ni de devancer les décisions de l'Église, que nous attendons avec la plus complète soumission; nous voulons dire seulement que ce bon religieux a mené une sainte vie et fait une sainte mort.

ment attachée à son service, et surtout animée du désir de voir son saint nom de plus en plus glorifié sur la terre.

Chacun des détails de cette vie, admirable par sa modestie et son humilité, provoque des réflexions salutaires et des pensées fortifiantes. Nous ne manquerons pas de les exprimer au fur et à mesure.

Celui qui écrit la vie d'un saint ne doit pas chercher à ne satisfaire que la simple curiosité, et encore moins, comme dans les œuvres profanes, provoquer des émotions malsaines. La vie d'un saint ne doit pas être un roman, mais une succession ininterrompue de vertus à imiter, et celui qui en fait le récit doit s'appliquer à leur donner tout l'éclat qu'il peut.

Quand on parcourt le martyrologe de l'Église, depuis le commencement de son établissement jusqu'à nos jours, qu'est-ce qu'on voit? des vierges, des jeunes gens, des vieillards qui ont enduré les supplices les plus affreux pour la défense de leur foi religieuse et le triomphe du nom de Jésus-Christ, fils de Dieu. A les voir, ils paraissaient frêles et débiles, on aurait cru qu'ils avaient à peine un souffle de vie, et cependant ils enduraient, avec une énergie et une constance surhumaines qui ne faiblissaient jamais, tout ce que la cruauté de l'homme, le plus féroce des animaux, pouvait inventer de tortures aussi horribles que longues. Bien plus, on a vu souvent ces saintes victimes aller aux supplices en souriant; elles semblaient heureuses de souffrir pour Dieu et pour leur foi. Leurs âmes au ciel, après leur mort, leurs figures étaient toujours souriantes; le bonheur céleste, dont elles jouissaient enfin, se reflétait sur leurs visages et les épanouissait.

Et nous, chrétiens, lorsque nous lisons tous ces détails de cruauté inexprimable, notre imagination recule d'épouvante, et nous nous avouons à nous-mêmes que nous n'aurions ni la force ni le courage des saints martyrs. Nous nous avouons à nous-mêmes que nous succomberions devant de pareils supplices. Cette défiance de soi-même s'explique, mais elle n'est pas toujours justifiée, car on a souvent vu des âmes très faibles devenir des héros au moment des dangers, et affronter la mort avec un courage extraordinaire.

Sans doute l'homme, par lui-même et livré à ses seules forces, est un être essentiellement pusillanime; mais, si Dieu se met avec lui, il devient fort. Ce soutien que Dieu accorde à l'homme, il le lui mesure suivant la gravité et l'imminence des dangers qui le menacent.

En temps ordinaire, si nous le méritons et si nous le lui demandons, Dieu se met avec nous, il nous donne la force de résister aux tentations du démon, et il ne nous donne pas la force de supporter des supplices qui n'existent pas pour le moment, il ne nous donne pas la force d'affronter la mort du martyre, dont nous ne sommes pas menacés. Mais, au moment du danger, il accourt, il est là comme un ami fidèle. Il n'abandonne jamais les siens; parfois même il les arrache miraculeusement à la mort cruelle qui les menace.

Aux temps de la primitive Église, alors que l'infâme Néron et le cruel Dioclétien lançaient leurs terribles édits de persécution, des milliers de chrétiens, de tous âges, de tous sexes et de toutes conditions, étaient jetés aux arènes en pâture aux animaux féroces en présence d'un peuple en délire : n'a-t-on pas vu alors parfois les tigres, les lions, les panthères, que l'on avait pourtant privés de nourriture pendant plusieurs jours pour les rendre plus voraces et plus féroces, au moment de se précipiter sur les saintes victimes, ne les a-t-on pas vus s'incliner devant elles et, retenus par une force invisible, ne pas oser les toucher? Parfois même ils devenaient doux comme des agneaux, et léchaient respectueusement les pieds des chrétiens qu'on leur donnait en pâture.

Comme vous le verrez dans le récit de sa vie, le bienheureux Perboyre fut prédestiné au martyre, et alors, non seulement il se sentait la force d'endurer tous les supplices pour sa foi, mais encore il en était venu à les désirer. Il aspirait à la mort des premiers chrétiens, il enviait le sort de ceux qui souffraient pour leur foi, et s'il n'avait pas craint de devancer l'heure fixée par Dieu, il se serait offert de lui-même aux bourreaux.

Certes, les preuves surabondent pour

démontrer que le catholicisme est la seule religion vraie; mais une des plus éclatantes et des plus irréfutables, c'est que, de toutes les religions qui existent dans l'univers, le catholicisme est la seule, absolument la seule qui soit violemment combattue, elle est la seule qui ait des martyrs. Or est-il admissible que Dieu permette que ses amis aient à supporter des supplices affreux et meurent de mort horrible pour la glorification, pour le triomphe d'un mensonge ou d'une imposture? La raison s'insurge vivement contre semblable supposition, qui constituerait une injure grave faite à Dieu, qui a toutes les perfections.

Aimons Dieu comme un père, puisqu'il nous admet parmi ses enfants. Admirons et vénérons les saints martyrs. Et, si nous sommes appelés un jour à confesser notre foi, n'oublions pas d'appeler le grand maître du ciel à notre secours, pour qu'il nous donne la force d'affronter courageusement tous les supplices, et qu'il nous mette lui-même en mains la palme glorieuse du martyre, lorsque nous comparaîtrons devant Lui.

II

ENFANCE DE M. PERBOYRE

Jean-Gabriel Perboyre naquit le 6 janvier 1802, au hameau du Puech, paroisse de Mongesty, diocèse de Cahors. Comme le fait remarquer très justement le pieux auteur qui, le premier, a écrit sa vie, le saint apôtre de la Chine fut prédestiné par Dieu dès sa naissance, qui coïncida avec le jour de l'Épiphanie, « qui est par excellence la fête des missionnaires qui se dévouent au salut des peuples lointains et barbares, ensevelis dans les ténèbres de l'infidélité. »

Le jeune Jean fut, dès ses premières années, doué de toutes les qualités et le modèle de toutes les vertus, soit dans la famille, soit à l'école où il reçut son instruction primaire, soit à l'église, où M. le curé lui enseigna les premiers éléments de la religion.

« Le pasteur de la paroisse, nous dit encore le pieux biographe, se plaisait à répéter qu'il n'avait jamais remarqué en lui rien qui annonçât un enfant. Jamais il ne le trouva dans le cas de recevoir une réprimande; et à sept ans, lorsque lui-même se trouvait obligé de s'absenter de l'église au moment du catéchisme, il le chargeait de maintenir l'ordre et le silence parmi ses camarades, et ceux-ci avaient tant de respect pour sa piété et pour sa modestie, qu'ils lui obéissaient comme au pasteur lui-même. Sa vertu était dès lors si remarquable et si universellement connue, qu'on ne l'appelait dans la paroisse que le petit saint. »

À l'école, même régularité dans la conduite, même assiduité au travail. L'instituteur le distinguait de tous ses autres élèves, parce qu'il voyait en lui quelque chose qui n'était pas ordinaire chez un

enfant de son âge, et, longtemps après son
départ de l'école et de la paroisse, il disait
souvent que jamais élève ne lui avait
donné autant de satisfaction et qu'il n'espérait pas de longtemps rencontrer son
semblable.

Mais c'est principalement dans la famille que les sérieuses qualités du cœur
et de l'intelligence du futur apôtre de la
Chine prenaient librement leur essor et
se montraient dans toute leur beauté.

Nous l'avons dit, les parents étaient
des cultivateurs dans une médiocre aisance; mais ils étaient riches, très riches
en vertus patriarcales, aussi jouissaient-
ils de l'estime et de l'affection de tous
ceux qui les connaissaient.

Ici se présente une occasion toute naturelle d'exprimer une remarque que nous
avons faite depuis longtemps.

C'est parmi les travailleurs des champs
et parmi les humbles que Dieu choisit
souvent ses créatures privilégiées.

Les premiers qui furent appelés à venir
adorer le divin enfant, dans la crèche de
Bethléhem, étaient des pâtres et des ber-

gers qui gardaient leurs troupeaux. Les rois ne furent reçus que plusieurs jours après.

Lorsque Dieu voulut arrêter Attila, surnommé « le Fléau de Dieu », dans sa marche dévastatrice, il lui opposa... la bergère Geneviève.

Et pour arracher son beau pays de France aux mains des Anglais, qui le ravageaient, il choisit une pauvre bergère de Domrémy, naïve entre toutes. Il lui donna la force du lion, la vaillance des héros, la science militaire des plus grands capitaines; il l'arma de pied en cap, lui donna un cheval de bataille, la couvrit de lauriers victorieux, et enfin lui mit dans les mains la glorieuse palme du martyre.

La palme du martyre! c'est la *grande* récompense que Dieu accorde à ceux qui l'aiment d'un *grand* amour.

Sans prolonger davantage cette énumération des privilégiés de Dieu, disons, pour finir, que c'est parmi les travailleurs des champs que l'Église recrute souvent ses meilleurs ouvriers. Cela s'explique, puisqu'ils sont appelés à cultiver « le champ du père de famille et la vigne du Seigneur ».

Ce qui démontre que plus l'homme s'incline vers la terre, plus il s'élève vers Dieu.

Pour prouver combien l'esprit religieux régnait dans la famille Perboyre, nous dirons que c'était une petite tribu de Lévi.

Le père Perboyre avait un frère lazariste, supérieur du séminaire de Montauban. Trois de ses fils, dont Jean-Gabriel, et un neveu s'enrôlèrent dans la même congrégation; deux de ses filles et une nièce furent filles de la Charité de Saint-Vincent-de-Paul, et une autre nièce mourut carmélite, en odeur de sainteté.

Et voici jusqu'à quel degré s'élevait l'ardeur de la foi de ces excellents chrétiens :

Quand ils apprirent la mort de leur cher enfant et les supplices affreux qu'il avait endurés, ils ne purent retenir leurs larmes. Mais, lorsqu'ils eurent donné libre cours à leur douleur bien légitime, ils élevèrent leurs âmes vers Dieu, et, dans sa résignation héroïque, la mère prononça ces paroles mémorables :

« Pourquoi hésiterais-je à faire le sacrifice de mon fils? La sainte Vierge n'at-elle pas sacrifié le sien pour mon salut? »

Puisque Dieu avait doué Jean-Gabriel de toutes les qualités et de toutes les vertus qui font les saints, il est facile de concevoir qu'en un pareil milieu de famille elles ne purent que grandir et se développer à leur aise.

On peut dire que jamais, pour la plus petite chose, cet excellent enfant ne mérita le moindre reproche. Il fut toujours d'une obéissance complète et ponctuelle à ses parents, bon et serviable pour ses frères et sœurs. Quand il s'apercevait qu'ils éprouvaient le moindre déplaisir à faire un travail quelconque, il s'offrait avec empressement à le faire à leur place.

Le soir, à la veillée, et comme pour se reposer des travaux de la journée, il prenait plaisir à faire réciter et à expliquer le catéchisme à ses frères et sœurs plus jeunes que lui; il s'en acquittait avec autant de bonté et de douceur que d'intelligence. Pour ses frères et sœurs, comme pour ses parents, il avait une grande affection; il en fit preuve dans la circonstance suivante :

M. Perboyre, lazariste, dont nous avons déjà parlé, demanda à son frère de lui confier son fils Louis, pour lui faire suivre les cours de latin au petit séminaire de Montauban, dont il était supérieur[1].

Le jeune Louis, qui, lui aussi, aimait beaucoup la famille et qui ne l'avait jamais quittée, éprouvait tant de peine à s'en séparer, qu'il ne pouvait s'y décider. Jean avait alors quinze ans, il se sentait plus fort. Il s'offrit à accompagner son frère à Montauban et à rester avec lui quelque temps, pour l'aider à s'habituer. Ce qui fut accepté par les parents et surtout par le jeune Louis.

Les deux frères se rendirent donc à

---

[1] M. Louis Perboyre entra dans la congrégation de son oncle; il partit comme missionnaire en novembre 1830. Il fut chargé de reconduire à Macao les jeunes Chinois venus en France en 1829; il n'arriva pas au terme de son voyage : étant tombé malade pendant la traversée, il mourut dans la rade de Batavia.

Montauban. Il fut convenu que Jean retournerait au Puech au bout de deux mois.

Ordinairement les jeunes campagnards qui sortent pour la première fois de leur village sont gauches et empruntés dans leurs allures pendant les premiers temps qu'ils sont à la ville, quelques-uns même ont besoin d'être déniaisés. Il fut loin d'en être ainsi pour Jean. Il émerveillait et étonnait élèves et professeurs par son aimable aisance à circuler dans la maison; on aurait dit qu'il y était un des vétérans. Il ne quittait pas son frère, et, avec une tendre affection, il s'efforçait à l'habituer à son nouveau genre de vie.

Quoique n'étant pas destiné à rester au petit séminaire, il ne voulut pas rendre inutile pour lui son séjour limité dans la maison. Il en profita pour fortifier son instruction primaire, qui avait été très écourtée par suite de la nécessité où s'était trouvé son père de l'appeler de bonne heure à travailler avec lui aux champs. Si par son amabilité et la douceur de son caractère il se concilia rapidement l'amitié des élèves, par son application à l'étude et la facilité qu'il avait à retenir et à appliquer les enseignements qu'il recevait, il provoqua également la sympathie des maîtres, qui tous sollicitèrent avec insistance leur supérieur, pour qu'il gardât définitivement le jeune Jean comme élève. M. Perboyre hésita quelque temps, il objectait deux raisons : d'abord Jean avait quinze ans, c'était bien tard pour commencer des classes de latin, et ensuite la raison la plus sérieuse, c'est que le père avait besoin de l'aide de son fils pour travailler les vignes. Enfin, les sollicitations des professeurs devenant de plus en plus pressantes, et le professeur de seconde ayant déclaré qu'il se chargeait de donner à l'élève des leçons particulières pour le faire avancer plus rapidement, le supérieur se rendit à leur désir.

Le père consentit à se priver de son fils, et Jean se mit à l'étude. Il justifia très amplement les espérances que ses maîtres avaient fondées sur lui. En deux ans, il entra en seconde et fut même un brillant élève.

Quand il eut terminé ses humanités, il demanda à son oncle de lui obtenir la faveur d'être admis dans sa congrégation comme novice.

Ce fut le commencement de sa sainte et glorieuse carrière.

III

M. PERBOYRE LAZARISTE

Tout naturellement M. Perboyre n'accueillit la demande de son neveu qu'avec une certaine réserve. Quand il eut compris, par ses instances réitérées, que son désir était sérieux et que sa résolution était bien arrêtée, il le fit admettre au noviciat.

Comme la congrégation, après les tempêtes révolutionnaires et les grandes agitations guerrières de l'empire, ne s'était pas encore réorganisée, elle n'avait pas de noviciat régulier. M. Perboyre, dont la haute vertu était établie, fut chargé de faire connaître à son neveu et surtout de lui faire aimer et pratiquer la règle de la congrégation. Pendant tout le temps qu'il fut sous sa direction, le jeune novice donna à son oncle toutes les satisfactions et toutes les consolations. Son temps d'épreuve terminé, M. Jean Perboyre fut admis à faire ses vœux le 28 décembre 1820.

Il fut envoyé presque immédiatement après à Paris, à la maison principale de la congrégation, pour y faire son cours de théologie et y recevoir les différents ordres sacrés.

Son ardeur de néophyte lazariste était si grande, qu'il fit à Dieu un sacrifice qui coûta beaucoup à son cœur particulièrement aimant. Se rendant de Montauban à Paris, il n'avait sur le parcours qu'un détour insignifiant à faire pour voir ses parents et leur faire ses adieux. Quoiqu'il les aimât beaucoup, il se priva de les voir. Dans sa pensée, il avait deux raisons pour cela : la première et la principale, il voulut faire à Dieu le sacrifice de son affection filiale, et la seconde, il pensa qu'il valait mieux épargner à ses bons parents les pénibles déchirements de la séparation et la scène douloureuse des adieux.

Lorsqu'il eut terminé son cours de théologie et lorsqu'il eut reçu la prêtrise, ses supérieurs, l'ayant vu de près et ayant pu apprécier ses hautes qualités, n'hésitèrent pas à lui confier, quoique jeune, la direction du collège de Montdidier. Dans ce poste, que l'on ne confie qu'aux hommes d'expérience éprouvée, il donna au delà de ce qu'attendaient de lui ses supérieurs.

Il fut envoyé ensuite au grand séminaire de Saint-Flour, dans le département du Cantal, pour y enseigner la philosophie. Peu de temps après, il quitta ce poste pour prendre la direction du petit séminaire de la même ville.

Nous ne pouvons mieux faire connaître combien sage, prudente, affectueuse et en tous points fructueuse, fut la direction de M. Perboyre dans cet établissement, qu'en citant le passage d'une lettre adressée à M. Grappin, assistant de la congrégation, par un de ses anciens élèves, alors curé dans les environs de Paris :

« Pendant près de six ans, Monsieur,
au petit séminaire de Saint-Flour, le bon
M. Perboyre fut mon supérieur, il fut
mon père. Je fus assez heureux pour admirer l'éclat de ses éminentes vertus, et
pour sentir quelque chose des suaves par-
fums qu'elles exhalaient autour de lui.
Car pouvait-on approcher de lui, pouvait-on le voir sans être touché, attiré,
entraîné en quelque sorte par cette douceur tout angélique, cette humilité si
profonde, cette charité presque divine,
par tout cet assemblage de vertus qui
faisaient de lui un saint prêtre, visiblement prédestiné, une copie vivante du
Sauveur lui-même! Aussi je dois le dire
à la louange de celui dont nous pleurons
aujourd'hui la mort et célébrons en même
temps le triomphe, je ressens encore et
je ressentirai toujours les vives et heureuses impressions que firent en moi ses
conseils tout paternels, parce qu'ils por-
taient l'empreinte et le cachet d'une sagesse
vraiment divine. »

Nous n'ajouterons rien à ces éloges

pour ne pas en affaiblir l'éloquence, disons seulement que cette lettre fut écrite après la nouvelle, reçue par les *Annales de la Propagation de la foi*, du martyre du glorieux missionnaire.

M. Perboyre, aux sollicitudes et aux préoccupations très absorbantes du gouvernement du petit séminaire, ajouta une application ininterrompue à perfectionner son âme par la prière et les pénitences corporelles qu'il s'imposait, à l'insu de ses confrères, par modestie. Sa santé ne tarda pas à en être ébranlée, à ce point qu'on dut le rappeler à Paris et lui confier un poste moins pénible.

A la fin de 1832, il fut nommé sous-directeur du noviciat de la congrégation. Nos lecteurs n'auront pas de peine à comprendre que, dans ces nouvelles fonctions, les services qu'il rendit furent pour la congrégation plus directs et plus immédiats, et partant plus apparents; car c'était aux futurs religieux qu'il communiquait le feu sacré dont il brûlait lui-même pour Dieu. Les supérieurs remarquèrent qu'il entourait de soins particuliers et plus affectueux ceux de ses novices qui aspiraient aux missions de la Chine. Il les entretenait avec enthousiasme de ces contrées, il attisait leur désir d'y aller porter la bonne parole, en leur lisant les lettres des missionnaires qui déjà y travaillaient.

Pendant trois ans qu'il en fut le sous-directeur, il alluma si bien, chez ses novices, le feu du désir d'y aller évangéliser les Chinois, que lui-même fut gagné par la flamme.

Deux missionnaires étaient désignés et allaient partir pour la Chine dans quelques jours. M. Perboyre demanda à M. le supérieur de les accompagner. Cette demande causa une surprise générale dans toute la famille des Lazaristes. Humble et modeste, s'efforçant à passer toujours inaperçu, M. Perboyre était loin de laisser soupçonner une résolution aussi virile. Mais à la surprise s'ajoutait une crainte très sérieuse et très justifiée. La santé du bon religieux était loin d'être florissante, sa constitution était très frêle, et il ne se soutenait que grâce aux soins minutieux dont il était entouré et aux ménagements que ses supérieurs avaient pour lui. Pour cette raison, le supérieur général hésita beaucoup à lui donner l'autorisation qu'il désirait.

M. Perboyre, toujours avec sa même modestie, mais avec une fermeté de plus en plus grande, tempérée toutefois par sa vertu d'obéissance, renouvela sa demande plusieurs fois. Cette insistance respectueuse de la part du pieux lazariste fit naître chez M. le supérieur une autre crainte : celle d'aller peut-être contre les desseins de Dieu. Pour mettre sa conscience à l'abri de tout reproche, il voulut se décharger de la plus grande somme de responsabilité; il s'en rapporta au médecin de la maison. Après un examen minutieux, et voyant que toutes les tentatives qu'il faisait depuis que M. Perboyre était à la maison n'amenaient aucune amélioration, l'honorable et savant praticien déclara que le voyage sur mer et le changement de climat ne pouvaient être que très favorables au tempérament du zélé missionnaire, et qu'il en espérait une grande amélioration pour sa santé.

La Faculté s'étant prononcée, M. le supérieur donna à M. Jean-Gabriel Perboyre l'autorisation qu'il sollicitait. Le bon religieux en témoigna une grande joie. Après avoir rendu grâces à Dieu pour la faveur qu'il lui accordait, il en remercia M. le supérieur avec effusion; il était visiblement très heureux.

IV

DÉPART ET ARRIVÉE EN CHINE

Avant d'accompagner notre pieux missionnaire en Chine, faisons comme le voyageur qui au haut d'une colline s'arrête pour contempler le beau panorama que la nature offre à ses regards : arrêtons-nous aussi, nous, pour admirer le beau panorama que les vertus de M. Jean-Gabriel Perboyre offrent à nos regards et surtout à nos méditations.

Nous avons beau chercher entre toutes, nous ne trouvons pas quelle fut sa vertu dominante. Il les pratiquait toutes, et toutes en lui brillaient d'un même éclat.

Pour son père et sa mère il fut respectueusement affectueux, et il leur obéit toujours avec un aimable empressement.

Il eut pour ses frères et sœurs une grande amitié. Il se montra bon et serviable, et ne laissa échapper aucune occasion de leur faire plaisir.

A l'école du village, l'instituteur déclarait que de longtemps il n'aurait pas un élève aussi studieux et aussi sage.

A l'église il n'était plus sur terre, c'était un ange dans le ciel.

Au petit séminaire de Montauban, ses qualités et ses vertus grandissaient à mesure qu'il avançait en âge. Aussi lui valurent-elles l'estime, l'affection et le respect de ses professeurs aussi bien que de ses camarades, auxquels il ne fit jamais la plus petite peine. Quand on lui adressait des éloges, soit pour des devoirs bien faits, ce qui arrivait souvent, soit pour l'impeccabilité de sa conduite, il les recevait avec modestie, en baissant les yeux, et surtout se gardait bien de s'en prévaloir ou de s'en glorifier auprès de ses camarades.

A la communauté, après ses vœux prononcés, il fut plus que jamais le modèle de toutes les vertus. Il provoqua l'admiration de ses supérieurs et de ses confrères par sa piété, sa douceur, sa modestie, l'étendue de son intelligence et la droiture de son jugement. A la satisfaction complète de ses supérieurs et de ceux qui furent sous sa direction, il occupa avec distinction les divers emplois qui lui furent confiés.

Dans ces conditions, nos lecteurs le comprendront sans effort, la nouvelle du prochain départ du pieux apôtre pour la Chine causa une pénible surprise. On était loin de s'y attendre, car la vie de M. Jean Perboyre ne semblait tenir qu'à un fil si ténu, qu'il menaçait de se rompre à chaque instant.

A la surprise se joignit la peine, car on voyait s'éloigner avec un vif regret ce bon religieux, qui charmait et édifiait tout le monde et que l'on affectionnait d'une manière particulière.

Ce fut donc le 21 mars 1835 que M. Jean-Gabriel Perboyre et ses deux confrères s'embarquèrent au Havre.

Pour faire connaître à nos lecteurs les détails de ce premier voyage, nous ne pouvons mieux les satisfaire qu'en reproduisant ici la lettre adressée à M. Salhorgne, supérieur général, par le pieux missionnaire :

« Batavia, le 29 juin 1835.

« Monsieur le supérieur,

« Heureusement parvenus à Batavia, nous n'avons rien de plus pressé que de répondre à votre attente en vous donnant des nouvelles que votre tendre sollicitude pour nous vous fera trouver tardives.

« Vous savez que nous sommes partis du Havre le 21 mars dernier. Nous quittâmes la France avec cette joie et ce calme avec lesquels nous avions quitté Paris. J'admirais ces dispositions que Dieu avait mises en nous, lorsqu'un souvenir tendre et paisible comme une pensée qui descend du ciel préoccupa tout à coup mon esprit : c'était le souvenir qu'il n'y avait pas encore cinq ans, mon cher frère Louis

2

s'était embarqué au même port pour faire le voyage que nous entreprenions, et qu'il avait reçu sa récompense et sa couronne avant d'arriver au terme de ses désirs. Je me sentis intérieurement invité à mettre notre traversée sous sa protection. Mon âme s'éleva aussitôt vers lui avec confiance, et mes yeux furent inondés de larmes, mais de larmes douces et délicieuses.

« Deux jours après le départ, nous voguions à pleines voiles hors de la Manche; un vent favorable précipitait notre course. Mais un roulis et un tangage violents et continuels rendirent si malades les nouveaux passagers, que pendant une semaine notre navire fut une vraie ambulance. Il n'était pas tout à fait inutile de se rappeler alors que souffrir fait la moitié du missionnaire. Par la grâce de Dieu, cette épreuve, quoique fort incommode à la nature, ne devait servir, ainsi que toutes les autres, qu'à exercer et à exciter de plus en plus le courage, bien loin de l'affaiblir.

« Cependant Celui qui domine la puissance de la mer et modère le mouvement de ses flots nous accorda soulagement et consolation. Le 29, nous étions déjà à la vue de Madère, avec un bon calme; et avec le beau temps revint une nouvelle vie. Je pus dire la sainte messe, ce que nous avons fait chacun à notre tour, presque tous les jours de dimanche et de fête. Oh! qu'on se sent heureux, sur ce vaste désert de l'Océan, de se retrouver de temps en temps en la compagnie de Notre-Seigneur!

« Notre marche fut ensuite très lente pendant longtemps. Ce fut le jour de Pâques que nous passâmes la ligne. Le jeu usité en cette circonstance fut renvoyé au lendemain. Une piastre, que chacun de nous donna aux matelots, nous exempta de tout autre rôle que celui de simples spectateurs. Un mois après nous doublâmes le cap de Bonne-Espérance, par 38º de latitude sud. Nous eûmes à rabattre de l'idée qu'on nous avait donnée de ces parages. On nous les avait dépeints si redoutables, et nous y trouvâmes une mer toute calme et aussi bénigne que parmi les Canaries. Si Dieu nous ménagea dans un passage ordinairement pénible, ce fut sans doute afin que nous fussions plus capables de soutenir l'assaut que devait nous livrer la mer des Indes.

« Le 31 mai, entre les 60° et 70° de longitude est, dans la direction d'Amsterdam, nous essuyâmes une rude tempête. Notre capitaine, qui navigue depuis trente-six ans, n'en avait jamais vu d'aussi terrible. Elle dura douze heures dans sa plus forte intensité. Des lames énormes montaient jusqu'au dessus des hunes et s'abattaient sur le pont, où elles roulaient d'un bord à l'autre, pêle-mêle, hommes, cages à poules, tout ce qui n'était pas solidement amarré. Une d'elles, après avoir donné une si grande secousse aux flancs du navire que tout le lest se porta sur un côté de la cale, renversa en tombant, et rejetta à quelques pas sur la dunette, les deux hommes qui tenaient le gouvernail, et qui par bonheur n'eurent point de mal, et enleva un canot qu'on ne revit plus. Les hautes montagnes, formées de vagues écumantes, qui à chaque instant s'élevaient presque à pic devant et derrière nous, en nous enfermant dans de profonds abîmes, étaient tout à la fois effrayantes et admirables, et nous ne pouvions nous empêcher de nous écrier avec le prophète : *Mirabiles elationes, elationes maris, mirabilis in altis Dominus.* Cependant nous possédions notre âme en paix, aimant à nous abandonner au bon plaisir de Celui qui conduit aux portes du tombeau et en retire. Il voulut bien nous faire sortir tous sains et saufs de cette horrible crise. Sur le soir tous les missionnaires se mirent à réciter en commun les litanies de la sainte Vierge, l'*Ave maris stella* et la petite prière : *O Marie conçue sans péché,* etc. Leur confiance ne fut point vaine, car à peine eurent-ils levé les mains vers l'*Étoile de la mer,* que la tempête s'apaisa peu à peu.

« Cette tempête fut le seul incident un peu remarquable qui rompit la monotonie de notre navigation de France à Java. Nous sommes entrés le 23 juin dans le détroit de la Sonde, et le 26 nous sommes arrivés à Batavia.

« Jusqu'ici ma santé s'est assez bien soutenue, celle de M. Perry aussi; M. Gabet a été quelquefois un peu indisposé. Malgré cela, il a toujours été le plus gai de la compagnie. Il a continué l'étude du chinois et s'est beaucoup appliqué, ainsi que M. Perry, à celle de l'Écriture sainte et de la théologie. Ils n'ont cessé l'un et l'autre de m'édifier et de contribuer à me rendre le voyage agréable. Je puis en dire autant des excellents messieurs des Missions étrangères [1].

« Eux et nous, vous n'en doutez pas, avons constamment vécu ensemble, comme des amis et des frères. Notre équipage étant composé de jeunes gens honnêtes et ce qu'on appelle de bons enfants, il n'y avait pas d'inconvénient à tenter de leur être utile, et les missionnaires devaient sentir à leur égard quelque chose de cette

---

[1] Comme son nom l'indique, la Société des Missions étrangères est composée de membres qui s'occupent uniquement d'aller répandre la religion catholique dans les pays infidèles. La procure est à Rome; la maison principale pour la France est rue du Bac, 168, à Paris. Elle est reconnue par le gouvernement, qui lui donne des subventions et des immunités.

compassion dont le cœur de Notre-Seigneur était rempli à la vue de ces peuples, qu'il comparait à des brebis sans pasteur. Aussi plusieurs de ces messieurs allaient-ils de temps en temps, le soir, exercer leur zèle auprès d'eux, les entretenant familièrement des vérités de la religion et de leurs principaux devoirs, et les exhortant à une vie chrétienne. Ils se sont presque tous confessés.

« Le lendemain de notre arrivée, nous eûmes l'honneur de voir M. le préfet apostolique et M. le curé de Batavia. Ils accueillirent tous les missionnaires avec autant de cordialité que de bienveillance. Ils se sont empressés de nous offrir l'hospitalité et leur table. Nous avons déjà profité de cette charité deux ou trois jours. Nous retournerons chez eux vers la fin de la semaine, pour solenniser avec eux la fête de saint Pierre. En attendant, nous allons quitter le bâtiment qui nous a portés jusqu'ici pour aller à bord d'un navire anglais, le *Royal-Georges*, qui partira bientôt pour Canton, et qui se charge de nous porter à Macao. »

C'est à M. le supérieur général qu'il a écrit la première lettre donnant les détails de son voyage de Paris à Batavia. Ceux du voyage de Batavia à Macao, il les adresse à M. Le Go, assistant.

« M'y voilà! » c'est le cri de soulagement et de lassitude que poussa l'ardent missionnaire, qui aspirait depuis si longtemps après le jour où il arriverait au terme de son voyage et au lieu de la résidence qui lui avait été assignée.

La traversée de Batavia à Macao fut encore meilleure que celle du Havre à Batavia.

Voici comment il fait le récit de son voyage :

« Nous avons fait un séjour de trois semaines sur la rade de Surabaya. Cette station a été pour nous ce que sont des vacances passées à la campagne pour des hommes épuisés par les fatigues d'une pénible année. Les chaleurs du climat brûlant de Java étaient tempérées par une petite fraîcheur que nous envoyait une montagne voisine. Quoique nous fussions occupés à l'étude ou à la prière depuis cinq à six heures du matin jusqu'à dix heures du soir, cependant comme sous plusieurs rapports nous étions beaucoup mieux sur notre nouveau navire que sur le précédent, et que nous ne nous sentions plus ballottés par les vagues, nous prenions de jour en jour plus de forces pour continuer notre route. Nous allions à la ville dire la sainte messe aussi souvent que nous pouvions, c'est-à-dire une ou deux fois la semaine. Quelquefois, mais rarement, nous faisions des excursions sur les côtes de Java et de Madura. A cette occasion, mes confrères, qui avaient déjà pris des bains de mer, me pressèrent d'en faire autant. Me rappelant votre recommandation et celle du médecin à cet égard, je me laissai déterminer à en prendre un l'avant-veille de notre départ. Après être resté une heure et demie dans l'eau, j'étais allé m'habiller et j'étais rentré dans le bateau pour mettre mes bas; mais, marchant sans précaution, je le fis pencher un peu, et une cabriole involontaire me procura un nouveau bain. Heureusement l'endroit n'était pas profond, et, les eaux avec lesquelles je venais de me jouer me trouvant aguerri, je reparus bientôt sur l'horizon sans avoir eu ni mal ni grande peur; et après avoir ressaisi mon chapeau que le reflux emportait, j'allai déjeuner avec du biscuit et des bananes sur le rivage, où mes compagnons m'attendaient. En cette rencontre, comme en bien d'autres, Dieu ne m'a puni de mon étourderie qu'en me tirant du danger où je m'étais mis.

« Nous partîmes de Surabaya le 7 août. Nous fumes obligés de mouiller à quatre ou cinq lieues de là, pour attendre le retour de la marée; car le navire sillonnait la vase à plusieurs pieds de profondeur. Le lendemain, peu après qu'on se fut remis en route, le bon pilote alla nous enfoncer fort avant dans un banc. Par bonheur le capitaine s'avisa assez tôt pour disposer les voiles de manière à faire reculer le navire sur lui-même, afin de lui donner une autre direction. Dans un pareil péril on doit son salut à l'habileté des chefs, à la force du vent, ou plutôt à cette Providence divine qui domine tout, et dont les causes secondes ne font qu'exécuter les jugements de justice ou de miséricorde. La mousson de sud-ouest règne encore une partie du mois d'août sur la mer de Chine. Elle nous favorisa pendant quelque temps, et le 29 nous arrivâmes enfin à Macao.

« Quoique nous fussions disposés à faire une navigation cent fois plus longue, si cela eût été dans l'ordre de l'obéissance, je vous assure néanmoins que nous en avons vu la fin avec grand contentement, et que nos cœurs ne se sont pas peu épanouis lorsque nous avons posé le pied sur cette terre après laquelle nous soupirions depuis si longtemps, et lorsque nous avons embrassé notre digne supérieur, M. Torrette, son excellent collaborateur, M. Danicourt, qui vint nous chercher au navire, et nos bons jeunes Chinois, tous en parfaite santé. Cette communauté ne nous a pas seulement fait respirer un air de repos, mais encore un air d'édification, qui nous a embaumés tout d'abord de la bonne odeur de Notre-Seigneur. Le plus

bel ordre et la plus parfaite régularité
règnent dans notre maison de Macao :
prêtres, séminaristes, jeunes aspirants,
tous y contribuent. Si les saintes pratiques
de l'ancien Saint-Lazare avaient pu se
perdre en France, on les aurait retrouvées
vivantes au fond de la Chine.

« Ne me demandez-vous pas déjà, Monsieur, quelle va être ma destinée dans ce
nouveau monde? Il faut que je vous avoue
ma complète ignorance sur ce point. Depuis longtemps ma principale solution
était pour la pratique de la sainte indiffé-
rence; en arrivant ici, j'ai tâché d'y tenir
plus que jamais.

« J'aime beaucoup ce mystère de la Providence, qui se plaît à me faire vivre en
quelque sorte au jour le jour. Quand le
temps en sera venu, nous recevrons chacun notre mission. Je ne saurais me
mettre en peine de celle qui m'écherra.
Tous nos confrères de Chine qui avaient
donné, dans nos établissements de France,
tant de preuves de sagesse, de piété et de
zèle, et dont Dieu a merveilleusement
béni les travaux dans ces contrées étran-

gères, possèdent d'avance toute mon estime et ma confiance. Leur charité et leur expérience m'assurent également de leur part une direction aussi bienveillante que sûre et nécessaire.

« Nous avons commencé à étudier le chinois, M. Ly est notre professeur. Je crois qu'il m'en coûtera long d'apprendre cette langue; à en juger d'après les premiers essais, je ne m'en tirerai pas avec autant d'honneur que MM. Gabet et Perry. On dit que M. Clet[1] ne la parlait qu'avec une grande difficulté. Mes précédents me donnent quelques traits de ressemblance avec lui. Puissé-je ressembler jusqu'à la fin à un vénérable confrère dont la longue vie apostolique a été couronnée par la glorieuse palme du martyre!

« Vous me sauriez mauvais gré, Monsieur et honoré confrère, si je ne vous disais rien de ma santé, que vous avez vue si faible et si délicate. J'ai éprouvé un grand mieux dans mes malaises. L'air de la mer m'a beaucoup dégagé la tête, et

---

[1] M. Clet fut martyrisé en 1820. (Note de l'auteur.)

m'a délivré de cet échauffement qui me consumait tous les membres, de sorte que me voilà à peu près aussi bien que mon tempérament puisse le permettre. Mes deux compagnons de voyage sont très bien portants. Comme ils ont toujours été tels que vous les avez connus à Paris, je n'entrerai dans aucun détail sur leur compte. Ils n'ont cessé de bien s'occuper durant le voyage. Pour moi, ma principale occupation a été la lecture de la vie de saint Vincent. Je ne pouvais me consoler de la perte que j'avais faite de vos doux et sages entretiens que par ceux de ce bon père. »

V

AU CŒUR DE LA CHINE

De Macao, M. Perboyre fut envoyé au Fokien, sa résidence principale; de là il se rendait au Ho-Nan.

C'est encore par ses lettres, si intéressantes et qui perdraient à être analysées, que nous ferons connaître à nos lecteurs les péripéties de toute nature du voyage du saint religieux. Ils comprendront par là quelle somme de mérite acquièrent devant Dieu ces missionnaires ardents à faire connaître et aimer son saint nom à ces peuples malheureux, qui l'ignorent totalement.

Voici comment M. Perboyre fait le récit de son voyage de Macao au Fokien. La lettre est adressée à M. Torrette, procureur à Macao, et datée du 7 mars 1836.

« Je suis arrivé au Fokien depuis quinze jours. Avant d'aller plus loin, il faut bien que je jette un regard en arrière et que je retourne en esprit à Macao, pour m'entretenir un moment avec vous.

« Notre trajet a duré deux longs mois ou neuf semaines bien pleines. S'il n'a pas été prompt, il a du moins été, grâce à Dieu, fort heureux. Vous savez comment, le 21 décembre, vers les onze heures du soir, au milieu de profondes ténèbres et d'un silence non moins profond, nous nous embarquâmes sur cette jonque fokinoise sanctifiée par le passage de tant d'autres missionnaires, qu'elle a conduits avant nous aux champs du Seigneur. Quoique le chargement de nos effets se fît avec la plus grande précipitation, il ne me manqua que ma pipe et mon éventail, que vous aviez remis à quelqu'un de la petite barque, et qui durent vous revenir. Nous passâmes le reste de la nuit à l'ancre sur la rade même de Macao. Le lendemain, nous passâmes jusqu'au delà de Lingting, où nous fîmes une station de deux jours, pour préluder à bien d'autres que nous devions faire dans la suite. Les deux plus longues ont été de huit à dix jours. L'une fut occasionnée par des vents contraires et trop forts; l'autre, qui eut lieu à Nangao, tient à d'autres causes. Les maîtres de la barque, qui ont là des parents, voulaient les voir à loisir, et ensuite on devait laver l'extérieur de la barque. Pour faciliter cette opération, on la tira jusque sur le bord du rivage, afin de profiter du moment du reflux de la marée, qui la laissait acculée sur le sable.

« Il y a bon nombre de chrétiens dans cette île. Elle se trouve aux frontières des provinces de Kouang-Tong et du Fokien, relevant partie de l'une, partie de l'autre; elle se trouve sous l'autorité de deux mandarins. Nos officiers, connaissant particulièrement le mandarin fokinois, dont la mère est chrétienne quoique lui soit païen, n'ont pas manqué de lui faire, selon la coutume, une visite dans sa maison, et lui ne manqua pas non plus de la leur

rendre à bord. Il vint donc accompagné
de ses satellites, mais on eut soin de nous
enfermer dans notre étroite alcôve, ensevelis sous le matelas et la couverture, ce
qui s'est fait dans bien d'autres circonstances moins solennelles. De là nous
pûmes entendre parler et rire le mandarin
pendant près d'une heure. C'était plutôt
à cause de son cortège qu'à cause de lui-
même qu'on nous avait cachés. Il a déjà
vu des missionnaires, et il n'est pas mal-
intentionné à leur égard. Au départ comme
à l'arrivée, il reçut les honneurs d'usage,
c'est-à-dire un roulement de cymbales.
Nous lui dûmes un drapeau sur lequel il
était écrit que notre barque avait été visi-
tée par lui. Lorsqu'après cela nous entrions
dans quelque port ou que quelque barque
mandarine accourait vers nous pour nous
demander raison, nous arborions cette
bannière de salut et on nous laissait tran-
quilles. Je vous ai dit que plusieurs fois
nous avions été mis en réclusion : c'était
surtout quand des étrangers venaient à
notre navire, soit pour chercher à nous
vendre quelques marchandises, soit pour

toute autre cause. Le courrier de Fokien prenait alors son bonnet de lettré, et, pendant que son second expédiait les affaires au dehors, pour plus de sûreté il s'asseyait à la porte de ma cachette. Les précautions étaient plus grandes que le danger, mais il était toujours bon de les prendre. Nous n'avons eu qu'à nous louer de ce courrier; je vous assure qu'il m'a beaucoup édifié. C'est un excellent chrétien, d'une douceur extraordinaire et d'une rare prudence dans ses paroles, ne disant jamais un mot déplacé ou capable de faire de la peine à personne. Aussi tout l'équipage le respecte et l'aime comme un bon père.

« Nous avons constamment navigué à la vue des terres, suivant, comme vous pensez bien, tous les détours des côtes, nous enfonçant dans tous ces petits golfes qu'elles présentent si fréquemment, faisant plus que tripler la route par ces zigzags et ceux nécessités par la mousson contraire, ne marchant presque jamais la nuit et souvent peu le jour, avançant toujours lentement et reculant quelquefois après plusieurs heures de marche pour retourner au port qu'on avait quitté le matin, et même celui qu'on avait quitté la veille. Ici un port c'est tout simplement un abri au pied d'une montagne, à côté d'une île, en face d'un village, où des caravanes de navires chinois vont camper le soir; car, par crainte des pirates, ils aiment à voyager en nombreuse compagnie. Quand ils veulent partir, ils se donnent mutuellement le signal et comptent les voix en hissant une petite voile qu'ils replient à mesure qu'ils changent d'avis. Ils partent ensemble et vont en file, imitant le continuel virement et revirement de bord les uns des autres. Ayant les mêmes *koangs* ou étapes, ils arrivent à peu près à la fois au rendez-vous commun, où ils se groupent avec assez peu de précaution. Une fois, notre barque alla heurter de front contre le flanc d'une autre, qui éprouva seule une légère avarie. Plus tard nous devions avoir notre revanche, car un autre jour une barque vint accrocher la corde de notre ancre, d'où l'on eut bien de la peine à la débarrasser.

« Malgré ce voisinage, nous allions à l'entrée de la nuit sur le pont réciter notre chapelet, à l'exemple des chefs de la barque, qui semblaient se délasser de leurs fatigues en concluant les occupations de la journée par la récitation du rosaire. Les matelots les imitaient aussi, et j'ai quelquefois entendu celui qui veillait chanter le sien. Ainsi, tandis que des barques païennes qui nous environnaient faisaient descendre à la mer la flamme de papiers superstitieux, la nôtre faisait monter vers le Seigneur du ciel l'encens pur de la vraie foi.

« Quoique nous n'eussions voyagé ni comme marins ni comme observateurs, et que nous fussions d'ailleurs rigoureusement consignés dans la cellule toutes les fois qu'il n'était pas prudent d'en sortir, il nous a été facile de nous faire une idée du littoral méridional de la Chine. La côte n'est qu'une suite d'angles saillants et rentrants, qui ouvrent dans toute sa longueur d'excellents ports naturels. La province de Kouang-Tong est généralement bordée de montagnes hautes et

arides que rien ne sépare de la mer, si ce
n'est parfois quelques plages et monceaux
de sable sur lesquels les eaux ont jadis
séjourné. Les barques païennes en passant
font des sacrifices à plusieurs de ces montagnes, et sur un grand nombre s'élève
une colonne superstitieuse que l'on aperçoit de très loin. La Chine est bien mieux
défendue par de tels remparts que par
ces petites forteresses qui se trouvent sur
certains points avancés dans la mer. Pour
des maisons, on n'en rencontre pas; seulement on aperçoit de temps à autre
quelques cabanes de pêcheurs qui, je
vous assure, sont bien modestes. Les côtes
du Fokien sont plus aplaties; la culture
des terres et de nombreuses habitations
leur donnent un air de vie qui plaît et
récrée l'œil du voyageur.

« La mer ne nous a pas offert un aspect
moins vivant. Sans parler des navires
qui vont et viennent en sens divers pour
le commerce, elle est couverte en certains
endroits d'innombrables barques de pêcheurs. Quand on en aperçoit les mâts au
fond de l'horizon, on dirait une longue

palissade qui doit fermer le passage. Mais, en s'approchant, on les trouve dispersés et assez éloignés les uns des autres. Après cela on n'est plus étonné d'entendre dire que cinq millions de Chinois habitent les eaux de la mer que nous avons parcourue. Habiter les eaux est bien le mot, puisqu'elles sont l'unique élément des pêcheurs chinois. Ils n'en sortent pas même à la fin du jour, comme les pêcheurs de Java, pour illuminer le rivage par des feux nocturnes. Ils reposent dans cette barque où ils ont travaillé. C'est là qu'est toute la famille, c'est là qu'ils naissent, qu'ils vivent et qu'ils meurent. Cependant ce n'est pas la mer qui leur sert de cimetière, mais bien le flanc de la montagne. En général, ces barques sont de grandeur moyenne. Il y a des pêcheurs qui se servent d'un autre genre d'embarcation, dont je ne m'étais pas encore douté. Vous voyez, à peu de distance de vous, mais loin de la terre, deux hommes que vous croiriez danser sur les eaux. En passant auprès, vous découvrez qu'ils ont sous les pieds une espèce de radeau, composé de quatre ou cinq planches de bambou, qui suit le mouvement de la vague qui le porte, et qui souvent le couvre sans le submerger. Il faut avouer qu'il y a des hommes qui font dépendre de bien peu de choses cette pauvre vie, à laquelle cependant ils rapportent tout.

« Les parages que nous avons traversés sont parsemés de gros rochers et d'une multitude d'îles, la plupart désertes et stériles. On nous en a fait remarquer une de laquelle les Chinois tirent des pierres précieuses, et que pour cette raison ils honorent d'un culte particulier. C'est à côté d'une île appelée Hai-Chan que nous avons été surpris par le commencement de l'année chinoise, le 17 février, premier jour de la lune de mars. On s'arrêta pour célébrer une fête si chère à tous les Chinois. Dès la veille, elle fut annoncée sur toutes les barques par le bruit des pétards et des cymbales. Cette musique se fit encore entendre davantage le jour de la solennité, qui se passa, ainsi qu'une partie de la nuit, à se régaler et à s'amuser. Quoiqu'il y eût cinq païens sur notre barque, tout s'y passa sans mélange de superstitions. Le courrier de Chan-Tong nous avait engagés à offrir sur nos provisions quelques petits présents aux officiers; ils y parurent très sensibles. A chaque mot que nous leur disions et à chaque chose que nous leur présentions, ils répétaient en descendant la gamme :

« *Ha! ha! ha! ha! ha! tosié! tosié! tosié! tosié! tosié! tosié!*

« A leur tour ils s'étaient proposés de nous traiter ce jour-là; mais la circonstance du jour des Cendres nous fournit une excuse légitime pour les remercier. Nous avons pu régulièrement observer les jeûnes et l'abstinence. Nous avons toujours dirigé notre ménage comme nous l'avons entendu. Avant le carême, nous nous contentions de faire un repas vers les neuf heures du matin et un autre vers les sept heures du soir, pour avoir plus de temps à donner à l'étude du chinois, qui a été notre occupation habituelle et à peu près exclusive.

« Le but de notre navigation se trouvait à l'extrémité orientale du Fokien, non loin de Fou-Ning, ville de premier ordre. La carte vous montre, à gauche de cette ville, un bras de mer qui se prolonge dans les terres jusqu'à l'embouchure d'un fleuve dont il reçoit les eaux. Le 22 février, après nous être détachés de tous les autres navires, nous nous engageâmes dans ce bras de mer, poussés par un bon vent. Les deux côtes nous présentèrent les points de vue les plus pittoresques dont nous eussions joui, et nous prouvèrent que ce n'est pas sans raison que les Chinois, pour rendre dans leur langue ce que nous appelons paysage, ont adopté une expression composée de deux mots : montagnes et eaux, *chan, chouei*. Le golfe se termine par un bassin qui a quatre ou cinq lieues de long et deux ou trois de large, et dans lequel on entre par un passage assez étroit. Il est entouré de collines au bas desquelles on voit des villages en grand nombre, ce qui produit un point de vue charmant.

« Enfin arriva le moment tant désiré. Vers les six heures du soir, nous jetâmes l'ancre pour la dernière fois. Après avoir attendu quelque temps la marée pour remonter le fleuve, nous nous acheminâmes, sur une petite barque et par une nuit obscure, vers la demeure de M. le vicaire apostolique du Fokien, accompagnés de son courrier et cachés encore sous notre couverture, car nous avions à passer devant une douane. La vigilance des douaniers ne fut pas en défaut; mais, satisfaits des réponses données au « qui « vive! » ils nous firent grâce de la visite.

« Après une heure environ de route par eau, nous débarquâmes pour en faire à peu près autant par terre. Dieu, qui nous avait accordé jusque-là une protection spéciale, voulut bien, au moment même où nous mettions le pied sur le sol chinois, opérer en notre faveur un nouveau miracle de sa Providence. En sortant de la barque, nous nous élançâmes avec joie sur une jetée environnée d'eau, que l'obscurité de la nuit nous empêchait de bien voir. Mon cher compagnon de voyage, M. Delamarre, prêtre du séminaire des Missions étrangères, fit un pas de trop, et le voilà à se débattre dans un gouffre où un an auparavant un homme s'était noyé. Jugez de mon saisissement. Je me mets à l'appeler, afin qu'il sache de quel côté il doit se tourner. Il revient presque aussitôt s'accrocher au mur, où il grimpe en même temps que je le retire par les habits, et parvient heureusement à se tirer de ce mauvais pas. Il courut tout le danger, mais toute la peur fut de mon côté. Il n'y eut d'autre mal que quelques petites blessures que nous reçûmes tous les deux à une main en nous cramponnant à des pierres aiguës. Béni soit le Seigneur, dont nous avons éprouvé si visiblement la miséricordieuse assistance !

« Vous savez avec quelle bonté Mgr de Tabestan, vicaire apostolique du Fokien, reçoit les missionnaires. Il nous a accueillis et n'a cessé de nous traiter avec cette amplitude de cœur qui, en quelque sorte, fait oublier à l'hôte l'hospitalité même, en lui persuadant qu'il est en famille. Malgré son grand âge, nous l'avons trouvé jouissant d'une santé parfaite et prêchant avec force à un peuple nombreux, qui se presse autour de lui pour entendre la parole de Dieu. Votre lettre et vos petits présents lui ont fait grand plaisir. Il vous estime d'une manière toute particulière; il aime aussi M. Laribe, dont il m'a plusieurs fois parlé avec éloge de la prudence et du zèle. Il m'a fait aussi l'éloge du confrère chinois que nous avons perdu l'année dernière dans le Kiang-Si. Comme il habite la Chine depuis près d'un demi-siècle, il a connu beaucoup de missionnaires, et entre autres plusieurs de nos anciens confrères. Il a vu arriver à Macao MM. Clet, Perré, Lamiot, et passer à Canton, se rendant à Pékin, MM. Richenet et Dumazet. Il m'a été bien doux d'entendre de sa bouche les détails qu'il m'a donnés sur ces vénérables confrères, qui nous ont ouvert la carrière que nous allons parcourir et préparé la moisson que nous allons recueillir. Il m'a demandé des nouvelles de M. le supérieur général et de l'état de notre congrégation. Toutes celles que nous avons pu lui donner sur l'état de la religion en France, l'état du clergé, des séminaires, des communautés religieuses, de l'œuvre de la Propagation de la foi, l'ont vivement interessé. Il a appris avec une joie sensible qu'une nouvelle congrégation évangélisait déjà les îles de l'Océanie. Il me dit alors que notre patrie a reçu le don des bonnes œuvres, et que la Providence l'a destinée à faire beaucoup de bien dans le monde.

« Sa résidence est à Tchin-Théou, village de quinze cents habitants, dont les deux tiers sont chrétiens. La florissante Église du Fokien se compose de quarante mille chrétiens. Plus de trente mille se trouvent dans le district d'une ville de troisième ordre appelée Fou-Gan. On conçoit par là qu'il y a des localités, même considérables, où tout est chrétien, et beaucoup où les païens sont en minorité. Aussi, dans ce district, les chrétiens marchent tête levée sans rien craindre. Ils y ont sept ou huit grandes églises, ouvertes à tout le monde, bien connues des mandarins, ainsi que deux séminaires. Quand dans un grand bourg, le soir, on chante le rosaire dans toutes les familles, les montagnes et les vallées d'alentour en retentissent : c'est vraiment admirable.

On ne s'en fait pas une idée en Europe. Trois ou quatre mille pêcheurs se réunissent tous les ans avec leurs barques, et se divisent en trois bandes pour recevoir les sacrements. Un chrétien de cette province vient d'être nommé mandarin pour le Tché-Kiang. Il paraît que cette charge n'est pas incompatible avec les devoirs d'un chrétien, pourvu qu'on ait assez de foi et de caractère pour les remplir. Dans ces pays-ci, il y a souvent des païens qui sont possédés du démon. Ils demandent à recevoir le baptême, et ils sont aussitôt délivrés.

« J'ai eu occasion de voir plusieurs des RR. PP. Dominicains qui desservent cette intéressante mission. Ils m'ont paru de près tels que je me les étais représentés de loin, c'est-à-dire pleins de doctrine et de vertus. Ils sont sept ou huit Européens, et ils ont un égal nombre de prêtres indigènes. N'étant pas éloignés les uns des autres, ils peuvent se voir de temps en temps, se consulter et se communiquer leurs lumières, ce qui n'est pas un petit avantage. »

VI

LE MISSIONNAIRE

Le lendemain du jour où il écrivit à M. Torrette la lettre que nous venons de publier, et dont les détails auront sûrement fort intéressé nos lecteurs, M. Perboyre partit pour le Kiang-Si avec ses confrères. La plus grande partie du trajet fut faite à pied. Les sept ou huit premiers jours, ils ne firent que monter et descendre des montagnes par des escaliers dont les pierres mal polies faisaient parfois saigner leurs pieds. Obligés, pour la coiffure, de se mettre à la mode chinoise, ils avaient la longue queue traditionnelle, qui naturellement était postiche, et pour en dissimuler la fausseté ils étaient obligés de se couvrir la tête et le cou du *foungmao,* ce qui à la marche par une chaleur d'été les gênait un peu. Ils arrivèrent le 30 mars à un endroit où M. Larribe faisait mission. Là ils passèrent la semaine sainte et le saint jour de Pâques. Après avoir passé quelques jours avec MM. Larribe, Rameaux et Baldus, le zélé missionnaire, M. Perboyre, partit pour le Hou-Pé et ensuite pour le Ho-Nan. Son voyage s'effectua très heureusement.

Voilà donc l'ouvrier du Christ arrivé au champ du Maître qu'il doit cultiver.

De 1837 à 1840, pendant ces quatre années, il travailla à arracher à l'idolâtrie le plus d'âmes possible, et il se consacra à sa sainte mission avec une telle ardeur, que, malgré sa modestie, il avoua à un de ses confrères, dans une lettre, qu'il n'avait pas pris un seul jour de vacances. Chose à signaler, M. Perboyre dit dans une de ses lettres que les chrétiens de la Chine, aussitôt qu'un missionnaire arrive parmi eux, accourent en foule et de- mandent à se confesser. Il faudrait, pour satisfaire tout le monde, qu'un seul missionnaire puisse entendre mille confessions en un jour. Cet empressement se manifeste surtout aux veilles des fêtes.

M. Perboyre se trouvait dans une chrétienté du Ho-Nan en novembre 1837; on lui présenta une jeune femme d'une autre chrétienté, atteinte d'aliénation mentale depuis environ huit mois. Elle avait manifesté le désir ardent de se confesser.

« Nous savons bien, dirent ces excellents chrétiens, qu'elle est totalement incapable de recevoir le sacrement de pénitence; mais veuillez lui accorder un moment d'entretien, peut-être éprouvera-t-elle un peu de calme. »

Par compassion, M. Perboyre consentit à l'entendre. L'entretien fut court; en la renvoyant, il suspendit à son cou une médaille de l'Immaculée Conception, pour la mettre sous la protection de Celle qu'on invoque sous le nom de Consolation des affligés, *Consolatrix afflictorum*. La pauvre femme n'éprouva sur l'heure aucune sensation, mais quatre ou cinq jours après elle avait recouvré complètement sa raison égarée. Alors elle vint retrouver M. Perboyre, et cette fois elle reçut en très bonnes dispositions le sacrement de pénitence, et fit la sainte communion avec les sentiments les plus vifs de joie et de ferveur.

Connaissant la profonde humilité du saint missionnaire, on conçoit facilement qu'il fit remonter à la sainte Vierge tout le mérite de cette guérison.

Dans une notice sur le martyre de M. Perboyre, publiée en 1842 par un prêtre de la congrégation de Saint-Lazare, nous trouvons une note qui, à propos de la mort de M. Torrette, fait connaître brièvement la situation de la Chine chrétienne à l'époque où y arriva le vaillant apôtre dont nous allons raconter le martyre. Nous croyons utile de la publier, elle intéressera nos lecteurs.

La voici :

« M. Torrette était originaire du diocèse de Saint-Flour[1]. Il naquit le 28 novembre

---

[1] Nos lecteurs se souviennent que M. Perboyre, au début de sa carrière, après quelques mois de séjour à

1801, et entra dans la congrégation de Saint-Lazare le 9 décembre 1824. Il passa environ deux ans au séminaire de Cahors en qualité de directeur, et en 1828 il partit pour la Chine. Il fut le premier lazariste français qui partit pour cette mission lointaine depuis le rétablissement de la congrégation de Saint-Lazare. Il arriva à Macao juste à temps pour fermer les yeux à M. Lamiot, le seul missionnaire lazariste qui eût survécu aux désastres et à la destruction de la mission française de Pékin. Il ne se trouvait plus alors un seul lazariste français dans tout l'empire de la Chine. M. Torrette prit aussitôt connaissance des affaires de cette mission importante, et entreprit de lui rendre son ancienne splendeur. Dès 1831 il lui arriva deux missionnaires venus de France; d'autres les suivirent successivement, et dans peu de temps il se trouva en mesure de réorganiser les diverses missions de la congrégation de Saint-Lazare en Chine.

Montdidier, fut à Saint-Flour d'abord professeur au grand séminaire, puis supérieur du petit séminaire, poste qu'il dut quitter pour raison de santé.

Bientôt elles offrirent une moisson plus riche et plus abondante qu'on ne l'avait jamais vue. Il put même en accepter de nouvelles, notamment celle de la Tartarie mongole. Pour multiplier les ouvriers évangéliques, il fonda à Macao un noviciat de lazaristes chinois, d'où sont sortis de nombreux et zélés missionnaires, qui ne le cèdent pas en ferveur ni en dévouement à ceux qui sont venus d'Europe, et où il a su établir une régularité qui fait qu'il ne diffère en rien des noviciats les plus édifiants de la congrégation. Il donna aux diverses missions de l'intérieur de la Chine une organisation qui y maintient un ordre parfait et qui assure leurs succès. Ce fut aussi par ses soins que les missions de la congrégation de Saint-Lazare en Chine furent divisées en plusieurs vicariats apostoliques, desservis uniquement par les missionnaires de la même compagnie et administrés par des évêques choisis parmi eux.

« Au moment de sa mort, après dix ans seulement d'administration, M. Torrette laissait seize missionnaires français et dix-huit missionnaires chinois, répandus dans les diverses missions de la congrégation de Saint-Lazare en Chine, tous travaillant avec zèle et recueillant des fruits abondants de salut. Par ses nombreuses qualités du cœur, M. Torrette s'était acquis non seulement l'affection de tous les missionnaires, mais encore l'estime de tous les représentants des puissances européennes, qui lui donnaient volontiers leur appui quand il en était besoin. »

Par ce que nos lecteurs viennent de voir, ils ont une idée de ce qu'était la Chine chrétienne à l'époque où le bienheureux Perboyre arriva pour y dépenser son zèle et se donner tout entier au salut des âmes. Malheureusement, dans cet apostolat, Dieu ne lui accorda pas de longues années; il jugea sans doute que ce vaillant ouvrier avait assez travaillé, et il voulut lui donner au plus tôt sa récompense.

Nous allons maintenant suivre avec lui la voie douloureuse parcourue par le saint religieux avant de recevoir de Dieu la palme du martyre.

VII

LE MARTYR

Afin de respecter la vérité comme il convient en un livre de ce genre, nous ne pouvons mieux faire, pour raconter les nombreux supplices endurés par M. Perboyre, que d'en emprunter le récit à une source autorisée et offrant des garanties sérieuses de sincérité.

C'est M. Huc qui va nous faire la narration des tortures endurées par le glorieux martyr. M. Huc était un missionnaire de la congrégation de Saint-Lazare. Il succéda, pour ainsi dire, à M. Perboyre dans sa mission. Il recueillit avec avidité tous les détails qui ont marqué cette mort glorieuse, et il les a groupés et coordonnés en un récit dont la forme littéraire est à la hauteur de la dignité du sujet. Nos lecteurs pourront en juger.

« Mon cher confrère[1],

« Déjà, sans doute, vous avez dû recueillir avec une pieuse avidité tous les détails du martyre de M. Perboyre, qui sont partis partiellement pour Paris. Assurément vous savez déjà tout ce que je pourrai vous dire; aussi ce n'est pas pour vous faire connaître des choses nouvelles que j'écris ceci, mais il m'est venu en pensée qu'il vous serait peut-être agréable de recevoir une relation où seraient consignés et réunis tous les détails qui se trouvent ailleurs par fragments et en décousu.

« J'ai donc recueilli, des diverses lettres qui nous sont arrivées de l'intérieur de la Chine, toutes les circonstances

---

[1] Cette lettre, adressée à un des prêtres de la maison de Paris, est datée du 27 janvier 1841, par conséquent à peine quatre mois après la mort du saint martyr.

qui ont accompagné la longue détention
et la mort de notre glorieux martyr. Je
vais les grouper comme je saurai, et je
vous les envoie; non pas que j'imagine
que le fond puisse tirer quelque intérêt
de la forme, mais il m'a semblé que ce
récit pourrait être pour vous de quelque
prix, par là même que je l'écris en Chine
et à côté des lieux qui ont été sanctifiés
par le sang de notre bienheureux confrère.

« On ne doit assurément pas désirer des
persécutions au christianisme, ce serait
mal; mais il faut convenir que notre chère
mission de Chine avait bien quelque motif d'être un peu jalouse, en voyant l'Église
annamite si resplendissante du sang des
martyrs et si abondamment féconde, depuis quelques années, d'une riche semence
de chrétiens.

« Pendant que les apôtres meurent pour
Dieu en Cochinchine, notre pauvre Chine
était dans un état bien flasque et bien
piteux. Le vent ne soufflait d'aucun côté;
c'était un calme plat, bien plus persécu-
teur que la tempête. Min-Meth, le roi de

la Cochinchine, au moins reconnaît une influence quelconque au christianisme, puisqu'il s'est follement résolu de l'exterminer. Mais notre Tao-Kouan, l'empereur de Chine, ne daignait pas encore l'honorer d'une persécution en règle. Tout se réduisait à quelques vexations de certains petits mandarins qui, vis-à-vis des chrétiens, les rapetissaient jusqu'à la mesquine proportion d'escrocs et de filous.

« Maintenant, à la bonne heure! les choses sont sur le point de prendre, en Chine, une couleur... Elle sera rouge peut-être, mais qu'importe! Le bon Dieu sait bien ce qu'il fait. Remercions-le toujours beaucoup d'avoir, dans ce commencement de persécution, jeté un regard de bonté sur la petite compagnie et d'avoir choisi dans ses rangs son premier martyr.

« La persécution a commencé à Kou-in-Tan, dans la province du Hou-Pé, le 15 septembre 1839. Nos confrères s'étaient réunis dans cette chrétienté pour célébrer la fête du saint Nom de Marie. Il y avait là Mgr Rameaux, MM. Baldus, Perboyre, et le Père Clauzetto, missionnaire italien de la Propagande. C'est au zèle et à la bonté de cet excellent Père que nous devons les principaux détails que j'ai à vous raconter.

« Les missionnaires se trouvaient encore dans une maison particulière, où ils venaient d'offrir le saint sacrifice, lorsque tout à coup un cri d'alarme vient troubler le bonheur et la paix de cette chrétienté. On vient annoncer avec effroi que les missionnaires avaient été trahis, et que le préfet civil, un mandarin militaire et le commissaire du vice-roi arrivaient en toute hâte de Kou-Tchen-Kien, escortés de cent vingt-cinq satellites. Le but de leurs perquisitions n'était pas douteux : on leur avait dénoncé des Européens, et ils marchaient droit vers la maison où ils se trouvaient réunis. Vous sentez bien qu'il ne fut pas besoin en cette occurrence d'une grande discussion ni de longs considérants pour savoir le parti qu'il y avait à prendre. Ce fut pour les pauvres Européens un grand sauve-qui-peut, et je vous assure qu'il s'en allait temps, car un ins-

tant après la patrouille arriva. Les gen-
darmes, comme on dirait en France,
cernèrent la maison suspecte, et les mandarins procédèrent à une visite domici-
liaire. Comme la justice s'exécute, en
Chine, d'une manière fort leste et fort
expéditive, ces messieurs commencèrent
par mettre le feu à notre maison de Kou-
in-Tan; les livres, les ornements d'église,
les meubles, tout fut livré aux flammes.
Les incendiaires eurent pourtant le tact
de faire par avance un triage et de s'ap-
proprier les objets les plus précieux et le
plus à leur fantaisie. Mais ce qu'il y eut
de bien triste et de bien déplorable, ce
furent les vexations auxquelles furent en
butte les chrétiens de ce district. Les petits
tyrans, furieux d'avoir laissé échapper la
belle proie qu'ils poursuivaient, s'en ven-
gèrent sur les fidèles; ce fut un saccagement
complet, une horrible destruction. Le feu
fut mis de côté et d'autre aux maisons des
pauvres chrétiens. Les animaux domes-
tiques furent tués, rôtis au feu de l'incendie
et dévorés par les misérables satellites de la
police chinoise. Plusieurs chrétiens furent

enchaînés et jetés dans les prisons. La méchanceté des valets de la persécution alla jusqu'à se déchaîner sur de tout petits enfants, qui se trouvaient alors réunis, en assez grand nombre, dans l'école chrétienne du district.

« Ces jeunes et intéressants Chinois savaient déjà sans doute que les épreuves et les tribulations sont sur cette terre le partage des véritables enfants de Dieu. Sans doute on leur avait raconté plus d'une fois de quelle manière l'enfant Jésus avait été poursuivi et persécuté par Hérode, et voilà qu'ils commencent, eux aussi, bien jeunes encore, à souffrir pour la loi de Dieu. Ils sont garrottés et conduits à la ville de Kou-Tchen, où on va les contraindre d'apostasier et de trahir les missionnaires. Nous verrons de quelle manière les mandarins se seront conduits à l'égard de ces pauvres petits enfants. Les résultats du combat qu'ils ont eu à soutenir ne sont pas parvenus jusqu'à nous. Nous savons seulement que l'un d'eux a eu un bras coupé!

« Pendant que Kouan-in-Tan était sous

l’empire de la terreur, grande était la sollicitude des missionnaires, non seulement à cause des maux qui menaçaient leurs chrétiens, mais aussi à cause de leur propre position, qui pouvait avoir une si grande influence sur les missions en général. Ils furent contraints de supporter longtemps, le jour et la nuit, toutes les souffrances de nombreuses marches et contremarches, pour se soustraire aux investigations des satellites. Il leur était bien difficile de trouver quelque part un lieu de paix et de sécurité. Ils n’osaient demander l’hospitalité aux chrétiens, de peur de les compromettre. Il y avait en outre du danger à séjourner trop de temps dans le même endroit. Il leur fallait donc tour à tour chercher la solitude au sommet des hautes montagnes, se mêler à la foule dans les villes populeuses, parcourir les hameaux et quelquefois se blottir dans quelque jonque de pêcheur.

« Dans toutes ces allées et venues, MM. Rameaux, Perboyre, Baldus et le Père Clauzetto se rencontraient tout à coup; mais ils étaient obligés, par prudence, de se séparer aussitôt et d'exécuter isolément cette triste et pénible retraite.

« M. Perboyre dut souffrir étrangement dans toutes ces courses, car il était d'une santé bien frêle et bien délicate. Le troisième jour après sa fuite de notre maison de Kouan-in-Tan, il était épuisé, et ses forces commençaient à l'abandonner. Il avait perdu, en fuyant, des bandages dont il ne pouvait se passer, et sa hernie lui causait de vives douleurs. Cependant les satellites suivaient ses traces avec activité, et pour se soustraire un peu à leurs recherches il lui fallait encore gravir un terrain montueux et coupé de rudes enfractuosités. Un catéchumène l'accompagnait, et, pendant qu'ils étaient à prendre ensemble quelques mesures de prudence, des soldats les rencontrèrent. Ceux-ci ne se doutèrent pas d'abord qu'ils avaient sous les yeux celui qu'ils cherchaient depuis trois jours. Ils s'arrêtèrent sans le moindre soupçon, et se contentèrent de demander aux pauvres fugitifs quelques informations.

« — Nous cherchons, dirent-ils, un Européen, pourriez-vous nous en donner des nouvelles ?

« — Vous cherchez un Européen ? reprit le conducteur catéchumène.

« — Oui, c'est un chef de la religion du Maître du ciel.

« — Et combien a-t-on promis à celui qui le livrerait ?

« — Celui qui livrera l'Européen gagnera trente taëls.

« — Eh bien, cet homme est l'Européen que vous cherchez, » dit le Judas chinois en désignant M. Perboyre.

« Les détails de cette noire trahison nous ont été donnés par les courriers que M⁹ʳ Rameaux a envoyés dernièrement à Macao. Vous voyez que dans tout ceci il ne manque que le baiser du traître. Notre cher confrère a eu le bonheur de voir le commencement de sa passion bien semblable à celle de notre divin Sauveur. Il s'est encore rencontré un Iscariote qui a trahi son maître, et qui a vendu son sang pour trente deniers.

« A peine ce malheureux catéchumène

eut-il dénoncé M. Perboyre, que les satellites se jetèrent sur lui, lièrent étroitement ses mains, entourèrent son cou de chaînes et le traînèrent brutalement jusqu'à la ville de Kou-Tchen.

« Cette arrestation fut, dans la province du Hou-Pé, comme le signal d'une violente persécution. Ce pauvre pays fut livré à la rapacité et à la méchanceté des mandarins, des satellites et de tous ceux qui ne reculent pas devant une infamie pour se procurer de l'argent. Il faut avouer qu'en Chine il ne manque pas de ces gens qui plongent volontiers dans le sang et dans la boue, pourvu qu'au fond il y ait de l'or. Les chrétiens se virent bientôt poursuivis par une foule de païens, qui cherchaient à exploiter leur peur. Grand nombre, pour se soustraire à des épreuves peut-être au-dessus de leurs forces, abandonnaient toute leur fortune et s'en allaient bien loin, dans des régions reculées, chercher un abri contre la persécution. Ainsi on voyait plusieurs nombreuses familles se réduire à l'indigence et entreprendre, pleines de désolation, de longs voyages

pour fuir une terre où il ne leur était pas
permis d'adorer le Seigneur en esprit et
en vérité. L'arrestation d'un missionnaire
européen est d'ailleurs, pour les chrétiens,
un si terrible événement, qu'il n'y avait
pas de raison pour que chacun n'eût à
redouter de se trouver enveloppé dans le
grand procès qui allait commencer.

« Déjà, en effet, M. Perboyre avait été
conduit à Kou-Tchen; il fut ensuite envoyé à Sian-Yan-Fou, et enfin à Ou-Tchan-
Fou, métropole de la province du Hou-
Pé. Dans la première de ces trois villes,
il eut à subir deux interrogatoires dont
nous ne connaissons pas les détails. A
Sian-Yan-Fou, pendant le peu de temps
qu'il y resta, il en subit quatre; et nous
savons que, dans ces circonstances, il fut
torturé d'un genre de supplice dont la
seule idée fait frissonner. Il se trouvait
alors dans la salle des interrogatoires; le
mandarin, revêtu des insignes de sa dignité, était assis à son tribunal. Les
scribes étaient à ses côtés, et des satellites
et des bourreaux étaient répandus dans
la salle. D'après le code d'instruction cri-

minelle de la Chine, lorsque le mandarin procède à l'interrogatoire d'un prévenu, celui-ci doit toujours se tenir à genoux devant son juge. Mais on ne se contenta pas, pour M. Perboyre, de cette posture pénible et humiliante. Des chaînes furent étendues au milieu de la salle, et ce fut sur ce rude prie-Dieu qu'on le fit s'agenouiller à nu. Pour qu'il pût conserver cette horrible position et ne pas succomber à la douleur, au moyen de fortes cordes il était tenu en l'air par les pouces et par la queue, de manière pourtant que tout le poids du corps pût peser sur les chaînes. Aussi il n'aurait pu donner quelque soulagement à ses jambes nues, déchirées par le fer, qu'en s'arrachant les pouces des mains et la queue de la tête. Pour comble de raffinement, les bourreaux placèrent sur ses mollets une large traverse de bois, et aux deux extrémités deux satellites se balançaient, pendant que le mandarin cherchait à profiter de l'horrible douleur que devait occasionner cette pression pour arracher à notre héroïque confrère une parole d'apostasie, ou quelques renseignements sur les autres missionnaires. Ce supplice dura toute la moitié d'un jour. Mais l'enfer fut vaincu, et notre admirable athlète de la foi sortit triomphateur de cette épreuve. Le corps fut brisé, la chair fut meurtrie,... mais l'âme! elle resta toujours forte, elle n'eut pas un instant de faiblesse.

« Quoique les douleurs de M. Perboyre aient déjà été fort grandes à Sian-Yan-Fou, on peut dire que sa longue et douloureuse passion n'a en quelque sorte commencé qu'à Ou-Tchan-Fou, métropole de la province.

« Dans cette ville, il fut traîné de tribunaux en tribunaux, il eut à subir plus de vingt interrogatoires, — comme il l'a attesté lui-même dans un petit billet qu'il a pu nous faire parvenir, — et ces interrogatoires furent presque tous accompagnés de tortures plus ou moins barbares.

« Quand on l'interpellait sur le compte de ses confrères, quand on lui demandait s'il était Européen et s'il n'y avait pas avec lui d'autres chefs de la doctrine

qu'il répandait parmi le peuple, il se tai-
sait, il était comme muet; et alors on le
flagellait, on le souffletait. Après chaque
question le mandarin jetait du haut de
son tribunal, sur le pavé de la salle, un
certain nombre de jetons, et aussitôt un
nombre égal de coups lui étaient appli-
qués par les satellites. Sa constance a
toujours été héroïque. Quand on lui adressait des questions auxquelles il ne devait
pas répondre, il imitait le silence de
Notre-Seigneur devant les juges de Jérusalem.

« — Es-tu chrétien? lui demandait alors
le mandarin.

« — Oui, je suis chrétien, répondait-il
toujours, je suis chrétien; j'adore le Maître
du ciel. »

« Dans une circonstance, un crucifix
fut apporté à l'audience.

« — Vois-tu cela? lui dit le mandarin.
Eh bien, si tu veux fouler cela aux pieds,
tu seras mis en liberté: réponds, veux-tu
mettre cela sous tes pieds?

« — Hé! comment pourrais-je ainsi
traiter l'image de Dieu! C'est lui qui m'a

créé, qui est descendu du ciel sur la terre pour me sauver ! »

« Et à ces mots il prit le crucifix, le colla avec transport sur ses lèvres, et l'arrosa de ses larmes. Ces démonstrations de foi et d'amour ne furent pas du goût du mandarin, et les tortures recommencèrent, mais toujours vainement. Le confesseur de la foi fut alors traîné à un autre tribunal, où on avait fait peindre par avance des croix sur le pavé de la salle. Le nouveau mandarin lui ordonna, avec un air de douceur et de bénignité, de marcher sur ces croix. Mais M. Perboyre resta immobile et déclara qu'il ne pouvait pas obéir, parce que l'acte qu'on lui commandait était un crime.

« — Es-tu donc Européen? dit le juge, es-tu chef de la religion du Maître du ciel? »

« Pas de réponse.

« Plusieurs chrétiens qui avaient été conduits au tribunal, effrayés des suites que pouvait avoir pour eux ce silence obstiné, répondirent pour M. Perboyre, et dirent en effet qu'il était Européen et chef de la religion. Le mandarin fit alors apporter une idole et lui commanda de l'adorer.

« — Adorer cette idole! reprit-il avec énergie : lui couper la tête, volontiers; mais l'adorer, jamais! »

« Le mandarin irrité s'adresse aux chrétiens qui se trouvaient dans la salle, leur ordonne de se saisir de M. Perboyre et de lui arracher les cheveux et la barbe en signe de mépris et d'ignominie. Les chrétiens hésitent, ils sont aussitôt menacés de la flagellation; mais le bon père se hâta de soustraire ses enfants aux tourments qui les attendaient, il les exhorta à obéir au mandarin.

« — Arrachez-moi les cheveux, leur dit-il, je supporterai cela avec plaisir. »

« Et en parlant ainsi sa figure était riante et toute radieuse, tant il redoutait que les autres eussent à souffrir quelque chose à cause de lui! Ces malheureux chrétiens se mirent aussitôt en besogne, et lui arrachèrent en effet la barbe et les cheveux.

« Les mandarins inférieurs, touchés

de cette patience et de cette résignation surhumaines, prirent enfin des sentiments de commisération. Ils admirèrent l'héroïsme de M. Perboyre, et bientôt ils le plaignirent. Mais il n'en fut pas ainsi du vice-roi, qui est un personnage radicalement féroce et barbare. Tout ce qu'il vit ne fit qu'augmenter son irritation, sa fureur ne paraissait pas encore vouloir se lasser. Il continua donc de renvoyer longtemps encore M. Perboyre de tribunal en tribunal, et de lui faire subir de nouveaux jugements ou, pour mieux dire, de nouvelles tortures.

« Si on n'avait voulu, en effet, que rechercher des preuves pour procéder à un jugement régulier, si on n'avait voulu qu'instruire une procédure, on avait déjà tout ce qu'il fallait. L'affaire était fort claire. M. Perboyre était Européen, il était missionnaire, il était un des chefs de la religion chrétienne, et depuis plusieurs années il la propageait avec zèle et ardeur dans la province de Hou-Pé. Le vice-roi savait tout cela ; sur tous ces points assez de chrétiens avaient déjà dit la vérité, toute la vérité. Mais ce n'est pas la vérité que cherchaient les juges, ils voulaient arracher à la douleur un acte d'apostasie. Ils déchiraient donc leur victime, et quand ils étaient lassés et fatigués de leur propre cruauté, car à la longue on se lasse de tout, ils prenaient M. Perboyre et se le donnaient en spectacle. Ils faisaient comme ces animaux qui mêlent parfois la gentillesse à la férocité, et qui se jouent de leur proie après l'avoir déchirée et mise en lambeaux.

« Un jour, après que le préfet des crimes eut en vain essayé de faire fouler aux pieds la croix à notre confrère, et après qu'il lui eut fait administrer, en punition de ce refus, cent dix coups de bambou, il lui ordonna de se revêtir de ses ornements sacrés. Il s'en trouvait là de tout prêts, ceux sans doute qui provenaient du pillage de notre maison de Kouan-in-Tan. A cet ordre si étrange du préfet des crimes, M. Perboyre garda le silence et parut un instant réfléchir profondément. Peu après il regarde le mandarin avec calme et lui dit qu'il va obéir à ses ordres. C'est qu'il venait de penser, sans doute, au spectacle dérisoire qui eut lieu autrefois au prétoire de Jérusalem. Il s'était ressouvenu de la couronne d'épines, du roseau et de la robe de pourpre de notre divin Sauveur.

« A peine fut-il revêtu des ornements sacerdotaux, que dans le tribunal il se fit spontanément une grande clameur; les juges, les satellites, tout le monde s'écria à la fois :

« — Voilà le dieu Fô, voilà le Fô vivant! »

« Après avoir torturé M. Perboyre pendant quatre mois entiers et par toutes sortes de supplices, le vice-roi, ennuyé de voir qu'il dépensait inutilement tout ce que son imagination lui suggérait d'atrocité et de barbarie, lui fit imprimer sur la figure, avec un fer rouge, les quatre caractères suivants : *Sie kiao ho tchoun,* c'est-à-dire : « Propagateur d'une religion mauvaise. » Après cela il le fit charger de chaînes et le fit jeter dans une sale et fétide prison, remplie de scélérats. C'est là qu'il a dû attendre que la cour de Pékin examinât et jugeât son affaire.

« Quelques chrétiens, touchés de compassion et désireux de lui prodiguer quelque soulagement, ont acheté des geôliers la permission de le visiter. A peine si notre cher prisonnier pouvait articuler quelques paroles. Les chrétiens qui ont pu le voir ont déclaré qu'il souffrait des douleurs indicibles. Les divers supplices qu'il avait endurés avaient réduit tout son corps dans un état horrible à voir. Ses membres étaient déchirés et sanglants. On voyait même en divers endroits des lambeaux de chair encore pendants, et les os étaient mis à nu. Oh! comme ce corps, si hideux et si triste alors, sera un jour beau et rayonnant dans le ciel!

« Comme je vous l'ai dit plus haut, les chrétiens ont eu beaucoup à souffrir dans cette persécution; mais je ne puis sur tout cela donner des détails, il ne nous en est pas parvenu. Tous les chrétiens en général se trouvèrent aussi, en ce temps-là, dans de tristes et mauvaises positions, et d'autant plus tristes et mauvaises que leurs consciences furent assiégées, non pas à force ouverte, mais par ruse et par feinte. Pendant que le mandarin les pressait d'apostasier, des satellites s'approchaient d'eux cauteleusement et leur disaient, sous les dehors de la sympathie :

« — Déclare que tu renonces à ta religion, dis-le seulement de bouche, et cela suffira. Ton cœur restera fidèle, et puis tu pourras encore suivre avec paix et sécurité la doctrine du Maître du ciel. »

« Ce système de corruption fut poussé fort loin, il faut l'avouer; on alla jusqu'à distribuer à domicile des billets d'apostasie. Il suffisait de recevoir sans rien dire ces billets sataniques pour se mettre à l'abri de toute persécution.

« Il y en eut qui rejetèrent énergiquement tous ces moyens de séduction et furent envoyés en exil. Mais beaucoup, soit faiblesse, soit illusion, tombèrent dans le piège. Beaucoup furent apostats, du moins à l'extérieur. Et pourtant ils avaient sous les yeux, ces pusillanimes chrétiens, un magnifique modèle de fidélité. M. Perboyre leur avait déjà merveilleusement enseigné comment un chrétien doit se conduire dans le temps de la persécution, et bientôt il allait encore leur donner une éclatante leçon d'héroïsme chrétien.

« M. Perboyre, je l'ai déjà dit, avait été chargé de chaînes et jeté dans une dégoûtante et horrible prison. Il vivait là, ou plutôt c'est là qu'il mourait tous les jours, accablé de misère et confondu avec des scélérats de toute espèce. Ces hommes pourtant, malgré leur dégradation, finirent par être pénétrés d'une grande vénération envers le serviteur du Maître du ciel. Ils le regardèrent comme un personnage extraordinaire et digne de respect. Il se trouvait aussi dans cette prison un brave chrétien, qui avait généreusement confessé la foi au milieu des tortures. Il était mourant, et M. Perboyre put encore exercer à son égard les fonctions de son ministère. Il trouva moyen d'entendre sa confession, et peu après cet heureux chrétien, dont je ne puis vous dire le nom, rendit le dernier soupir et s'en alla demander à Dieu la récompense de sa fidélité.

« M. Perboyre put aussi jouir lui-même,

3*

au milieu des fers, des secours de la religion. Un prêtre chinois de nos confrères
s'arrangea si bien avec les geôliers, qu'il
put se rendre plusieurs fois auprès de
M. Perboyre; et c'est par ce moyen que
nous avons eu le bonheur de recevoir les
lignes précieuses qui sans doute se trouvent
actuellement à Paris.

« Plusieurs chrétiens achetèrent aussi
de la police chinoise, qui est essentiellement vénale, la faveur de visiter le saint
prisonnier. Ils purent lui offrir de temps
en temps une nourriture moins gros-
sière que la ration fixée par la loi. Mais
les satellites voulaient tout voir, tout
examiner, faire l'épreuve de tout. Ils
craignaient qu'on ne voulût empoisonner
leur victime. Oh! s'ils avaient su un mot
seulement du christianisme, ils n'auraient
pas eu de pareilles appréhensions. Quoique
M. Perboyre fût exténué, brisé, tous les
jours mourant, les mandarins avaient
néanmoins de lui une peur étonnante.
Ils étaient convaincus qu'ils avaient affaire à un grand magicien. C'était chez
eux une idée fixe, et ils s'attendaient d'un

moment à l'autre à ce que leur prisonnier leur jouât un grand tour de magie. Aussi, pour neutraliser sa science et prévenir tout événement, ils eurent recours aux docteurs en médecine, qui firent avaler à notre pauvre confrère de grandes rasades de sang de chien tout chaud et tout fumant. D'après la faculté de médecine de Ou-Tchan-Fou, le sang de chien est un spécifique pour suspendre et arrêter les opérations magiques.

« Enfin arriva le moment où la position de M. Perboyre allait devenir meilleure. Il allait échanger les douleurs d'ici-bas pour les délices du paradis, et son faible reste de vie pour l'immortalité. Dieu avait été content de ses combats, et il voulut lui accorder les honneurs du triomphe. Ce fut le 11 septembre qu'il lui offrit la palme du martyre.

« La synagogue de Pékin avait déclaré que le saint prêtre était digne de mort, et le décret impérial qui condamnait notre cher confrère à être étranglé arriva le 11 septembre 1840 à Ou-Tchan-Fou.

« La sentence ne fut pas rendue publique, on l'exécuta à la hâte et comme à la dérobée. Voilà pourquoi les chrétiens ne se rendirent pas sur la place des exécutions. D'ailleurs il était cru généralement que M. Perboyre ne serait pas condamné à mort, parce que d'ordinaire on se contente d'envoyer en exil les prévenus dont le visage a été marqué au fer rouge. Il y eut pourtant un chrétien qui se trouvait par hasard sur le passage de M. Perboyre quand on le conduisait au supplice, et il put être témoin de son martyre. C'est de lui que nous tenons les détails suivants.

« Quand M. Perboyre marchait à la mort, il était nu-pieds et avait pour tout vêtement un caleçon recouvert de la robe rouge des condamnés. Ses mains étaient attachées derrière le dos, et dans les mains était fixée une longue perche qui s'élevait au-dessus de sa tête. A l'extrémité de cette espèce de pieu flottait une sorte de drapeau, où se trouvait imprimée en gros caractères la sentence de notre glorieux martyr. Et afin qu'il eût encore un autre trait de ressemblance avec Jésus montant au Calvaire, afin qu'il fût vrai jusqu'au bout que le serviteur n'est pas au-dessus du maître, cinq malfaiteurs, condamnés à mort à cause de leurs forfaits, lui furent adjoints.

« Il est d'usage, en Chine, de mener les criminels de la prison au lieu du supplice avec précipitation et au pas de course. Chacun des condamnés est escorté par deux satellites, qui emportent plutôt qu'ils ne conduisent leur victime. Cette manière accélérée, jointe à la musique sauvage du tam-tam, donne, dit-on, à une scène d'exécution un caractère qui épouvante et fait frissonner les Chinois.

« Ce fut après une assez longue marche, exécutée de la façon que je viens de dire, que M. Perboyre arriva sur la place, où attendait déjà une grande foule. De nombreux satellites, armés de lances et de piques en forme de tridents, se rangèrent en cercle autour d'un poteau fixé en terre. C'est là que furent d'abord attachés et décapités successivement les cinq malfaiteurs. Notre confrère fut réservé pour la fin.

« Quand son heure fut arrivée, il se mit à genoux et pria quelques instants. Le chrétien qui se trouvait là était consterné de douleur, et il avait été obligé de mettre ses mains devant son visage pour cacher ses larmes; aussi n'a-t-il pu dire tout ce qui s'est passé dans ce moment solennel. Il entendit seulement la populace qui disait tout haut :

« — Voilà l'Européen qui se met à genoux, il est en prières. »

« M. Perboyre fut enfin saisi par le bourreau, qui lui lia les pieds derrière le dos et puis l'attacha au poteau un peu au-dessus du sol, et dans la posture d'un homme à genoux. Il est à remarquer qu'il eut beaucoup plus à souffrir que ceux qui l'avaient précédé au gibet. Ceux-ci avaient été décapités promptement et d'un seul coup. Mais pour lui le genre de mort devait être différent, parce qu'on voulait rendre sa mort plus douloureuse et plus infâme aux yeux du peuple. Il devait être étranglé, et on eût dit que le bourreau voulait tout à loisir savourer sa victime. Après une première et vigoureuse torsion, il lâcha la corde, comme pour donner au martyr le temps de se reconnaître et de bien sentir la mort. Peu après, il tordit encore et puis s'arrêta de nouveau. Ce ne fut enfin qu'au troisième coup qu'il voulut en finir : il donna une pression décisive. Mais comme le corps paraissait encore conserver quelque souffle de vie, un satellite s'approcha et acheva le martyre de notre glorieux confrère en lui lançant un rude coup de pied dans le bas-ventre.

« Ce fut vers midi que la belle âme de M. Perboyre passa de la terre au ciel.

« Quand le chrétien qui se trouvait là eut vu que tout était consommé, il courut annoncer aux fidèles de Ou-Tchan-Fou le grand événement dont tout à l'heure il avait été témoin. Incontinent, les chrétiens se rendirent en masse sur la place des exécutions. A leur arrivée, ils furent tous frappés d'étonnement en voyant combien le corps de M. Perboyre différait des cadavres des criminels qui meurent par strangulation. Ceux-ci sont horribles à voir : leurs joues sont d'une lividité repoussante; leurs yeux noyés et vitreux s'avancent, grands ouverts, hors de leur orbite, et de leurs bouches tordues par les convulsions jaillissent leurs langues hideuses de sang et d'écume. La figure de M. Perboyre était au contraire calme et sereine, ses yeux et sa bouche étaient tranquillement fermés. On eût dit un saint homme endormi.

« Après quelques instants, les corps des cinq criminels furent enterrés par les satellites; mais celui de M. Perboyre demeura, en signe d'ignominie, exposé jusqu'au lendemain aux yeux de la multitude. Les chrétiens prirent des précautions pour ne pas abandonner à la profanation des païens ces précieuses reliques. Ils s'adressèrent aux gens chargés de mettre en terre les suppliciés. L'argent fut un excellent entremetteur dans cette affaire. On combina pour que personne ne fût compromis, et les enterreurs consentirent à livrer, pour une certaine somme, un cadavre qui à leurs yeux n'était d'aucun prix, mais qui pour des chrétiens n'était rien moins qu'un trésor.

« Le lendemain, en se rendant au lieu

de la sépulture, ils passèrent par un
endroit assez isolé, et s'arrêtèrent sous
quelque prétexte devant une maison qui
leur avait été indiquée. Là des chrétiens
attendaient leurs reliques. Ils avaient préparé un cercueil plein de terre, qu'ils
livrèrent au porteur en échange de celui
qui contenait les restes de M. Perboyre.
Non loin de l'endroit où se fit le troc
était une chapelle où fut placé le corps
de notre confrère.

« Les chrétiens lavèrent avec respect
et amour ces membres qui avaient tant
souffert pour Jésus-Christ et les revêtirent
de riches et magnifiques habits, auxquels
on avait travaillé durant la nuit précé-
dente.

« Ce ne fut pas chose difficile que de
trouver une bonne position pour la sépulture. Le corps de M. Perboyre ne pouvait
être mieux qu'auprès des restes précieux
d'un enfant de Saint-Vincent, qui lui
aussi a été martyrisé pour la foi, dans la
province de Hou-Pé, il y a tout au plus
vingt ans. Aux environs de Ou-Tchan-
Fou, et sur le versant de la Montagne-

Rouge (Houn-Chan), deux modestes tombes sont placées actuellement côte à côte. Quelques chrétiens dévoués et discrets savent seuls que c'est là que reposent les corps de deux martyrs : MM. Clet et Perboyre.

« Nous avons appris que l'empereur venait de condamner à l'exil le vice-roi du Hou-Pé, bourreau de M. Perboyre, à cause des vexations et des cruautés qu'il a exercées dans la province qui avait été confiée à son administration. Le peuple a trouvé la peine trop légère, il veut que ce tyran soit mis à mort. Il s'est donc insurgé, et maintenant il tient le vice-roi bloqué dans son palais. »

VIII

LE BIENHEUREUX PERBOYRE

Nos lecteurs ne se doutent peut-être pas avec quelle sage lenteur l'Église, par la voix du souverain pontife, se décide à autoriser le culte d'un saint.

Nous croyons leur être agréable et nous espérons les intéresser religieusement en leur faisant le récit des différentes phases du procès de béatification de M. Jean-Gabriel Perboyre. Nous avons la confiance que cela ne contribuera pas peu à affermir leur foi dans l'excellence de la religion catholique.

Pour être admis aux honneurs de la béatification, il faut que des miracles aient été obtenus par l'intercession de celui dont le procès de béatification est engagé.

M. Perboyre a satisfait amplement à cette condition essentielle. La réputation de sainteté qu'il avait laissée partout où l'on avait pu le voir et le connaître inspira à un grand nombre de personnes, après qu'il eut quitté ce monde, la pensée de l'invoquer dans leurs besoins comme un protecteur puissant auprès de Dieu.

Mgr Delaplace, évêque de la congrégation de la Mission, vicaire apostolique du Tché-Kiang, fut chargé par M. Étienne, supérieur général de la congrégation, de recueillir les précieux restes mortels du martyr. Quand il commença à faire procéder à l'exhumation du corps, une foule de Chinois chrétiens ou païens accoururent pour ramasser les herbes et les racines qui avaient poussé sur cette tombe, car elles avaient la propriété infaillible de guérir les fièvres les plus intenses, les plus chroniques et les plus invétérées.

« Le serviteur de Dieu, dit le biographe de M. Perboyre, n'était pas moins puissant, il n'était pas invoqué avec moins d'empressement et de confiance dans la contrée qui l'avait vu naître, et où il avait donné, dès ses premières années, comme le pressentiment de sa sainteté future.

« Un digne curé de Mongesty, qui avait recueilli sur les lieux mêmes les témoignages les plus irrécusables, a certifié que plusieurs grâces extraordinaires avaient été obtenues dans ce pays par l'intercession du martyr, entre autres la guérison d'une jeune fille, pensionnaire chez les Dames blanches de Sarlat, qu'une fièvre typhoïde des plus violentes avait conduite aux portes du tombeau, et qui était abandonnée des médecins. Cette enfant, Anne-Malvina Lalbenque, venait de recevoir, dans la matinée du 17 août 1847, les derniers sacrements; l'aumônier du couvent exhortait la mère à faire à Dieu le sacrifice de sa fille. Celle-ci, durant sa maladie, avait souvent exprimé sa confiance dans l'intercession du serviteur de Dieu. La pauvre mère s'en souvient et prie l'aumônier de dire le lendemain, qui était un dimanche, la messe pour son enfant, et de s'unir dès le soir même à une neuvaine qu'elle va demander aux religieuses de commencer avec elle, en l'honneur du martyr. Le lendemain matin, le jour n'avait pas encore paru, la jeune malade appelle sa mère.

« — Maman, dit-elle, ma langue est guérie, mon gosier nettoyé; je vais beaucoup mieux. »

« La convalescence se déclara aussitôt et fut si rapide, que, moins de huit jours après, cette mourante était pleine de vie et de santé. »

Parmi les nombreux faits miraculeux qui se sont produits spécialement dans la famille de Saint-Vincent, soit à la communauté des prêtres de la Mission, soit à la maison mère des filles de la Charité, le pieux biographe n'en a retenu que trois principaux. Nous nous contenterons, nous, de ne rapporter qu'un seul de ces trois.

C'était en 1841, l'année qui suivit la mort du glorieux martyr. La sœur Marguerite Bouyssié avait alors vingt et un ans. D'un tempérament lymphatique, d'une santé délicate, affaiblie encore par

plusieurs maladies, elle fut atteinte, le
2 avril, durant son postulat à l'hospice
des Incurables-Femmes, d'une pleuro-
pneumonie qui prit bientôt un caractère
des plus alarmants. On administra la
jeune sœur. Cependant elle parut se re-
mettre un peu; on crut à un commencement de convalescence. Après un court
séjour à la campagne, on l'amena à la
maison mère des filles de la Charité, où
elle devait faire son séminaire. C'est là
que, dans les premiers jours du mois
d'août, elle vit pour la première fois le
docteur Ratheau, médecin de la communauté. Celui-ci a consigné par écrit ses
premières observations sur la jeune malade.

« Le diagnostic, dit-il, fut facile à établir. Nous vîmes que nous avions affaire
à une pleuro-pneumonie, mal jugée par
un engorgement du poumon et par un
épanchement de pus qui occupait près
des trois quarts de la cavité de la plèvre
gauche, et sur un sujet dont la poitrine
était mauvaise et même menacée de tubercules au sommet des poumons, s'il n'en

existait pas déjà; ajoutons l'état général de la malade : notre pronostic ne put être que fâcheux. Cependant nous conseillâmes tous les moyens employés par l'art. »

Aucun de ces moyens ne réussit. Ne sachant plus que faire, on voulut essayer encore une fois de l'air de la campagne. Le médecin y ayant consenti, on la conduisit, le 16 août, à quelques lieues de Paris. Là, le mal empira; les vomissements devinrent plus fréquents, un dénouement fatal parut imminent. Au bout de quatre jours, la jeune sœur supplia qu'on la ramenât à Paris, dans son hôpital, où elle voulait mourir, disait-elle, au milieu de ses malades. Le docteur Ratheau la revit, et constata que, loin de s'être amélioré, son état s'était considérablement aggravé. Les choses durèrent ainsi jusqu'au 22 août, jour où la sœur Bouyssié voulut commencer une neuvaine en l'honneur du nouveau martyr. Le 25, dans la matinée, souffrant plus que jamais, elle demanda à se lever pour qu'on pût refaire son lit. Les suffocations la reprirent si violentes, qu'au bout de quelques instants elle dut se recoucher. Elle s'assoupit aussitôt; puis brusquement, à midi moins un quart, s'éveillant, elle dit d'une voix forte :

« Je suis guérie; donnez-moi à manger, j'ai bien faim. »

Ses compagnes la regardent, croyant au délire. Mais sur son insistance, et voyant l'air de santé et de vie subitement répandu sur sa personne, elles lui apportent un potage, une côtelette et un gros morceau de pain. La faim qui la dévore n'est pas encore apaisée. On ajoute trois pommes de terre cuites sous la cendre; elle digère le tout parfaitement. Elle se lève ensuite, elle a recouvré toutes ses forces. Elle va en récréation au milieu de ses compagnes, et, le soir venu, soupe avec elles; puis elle s'endort du sommeil le plus calme et le plus profond. Le lendemain, elle travailla toute la journée à étendre le linge sur les séchoirs de l'hospice, et, le 27, veilla les malades toute la nuit.

Le docteur Ratheau, qui sur le moment même avait constaté cette guérison subite et inespérée, voulut cinq semaines plus tard revoir la sœur Bouyssié.

« Aujourd'hui, 4 octobre 1841, écrit-il, j'ai voulu revoir la personne ; je l'ai examinée de nouveau : son état s'est parfaitement soutenu. Jamais, m'a-t-elle dit, elle ne s'est trouvée aussi bien.

« Maintenant, ajoute le respectable médecin, jetons un coup d'œil sur ce fait, tel qu'il s'est présenté à notre observation.

« Une malade se présente avec plus que des probabilités de tubercules au sommet des deux poumons, un engorgement du poumon gauche et un épanchement très considérable de pus dans la cavité de la plèvre du même côté. Il y a en même temps épuisement général, état fébrile continu, œdème des extrémités inférieures. Il existe toux, suffocations violentes, vomissements, diarrhée ; les aliments sont à peine tolérés ; les médicaments, variés d'une foule de manières, ne produisent rien ou bien ne peuvent être supportés.

« Tel est l'ensemble des faits qui se sont déroulés sous nos yeux, et c'est au milieu de ce désordre extrême, qui ne va qu'en augmentant et ne doit se terminer

que par une catastrophe fâcheuse, c'est,
dis-je, au milieu de ce désordre arrivé à
son *summum* qu'à midi moins un quart,
à la suite d'un léger assoupissement,
d'une sueur de quelques minutes, la malade s'écrie : « Je suis guérie; donnez-moi
« à manger, j'ai bien faim. » Elle qui ne
pouvait pas supporter un bouillon, elle
mange un potage, une côtelette, un gros
morceau de pain et trois pommes de terre,
se lève quelques instants après avec toutes
ses forces, assiste à la récréation de ses
compagnes, soupe avec elles, dort toute
la nuit, le lendemain étend du linge toute
la journée sur les séchoirs de l'hôpital, et
enfin le surlendemain veille les malades
toute la nuit. Je le demande à tout médecin probe et consciencieux, est-ce là la
terminaison naturelle d'une maladie de
cette nature? Sans doute, quelques-uns
en guérissent; mais nous savons aussi ce
qu'il en coûte de soins et après quelles
convalescences interminables... Et ici, où
est la convalescence? Nous ne voyons
qu'un passage de la maladie la plus grave
à la santé la plus parfaite.

« De tous ces faits, nous pouvons tirer la conclusion suivante : une maladie organique constatée, lorsque la guérison s'opère en passant brusquement d'un état grave, très grave, à une santé parfaite, cette guérison doit être considérée comme l'effet d'une cause non naturelle, et, pour parler plus clairement, comme l'effet d'un miracle. »

Un fait analogue s'est passé à Constantinople à peu près à la même époque, et sur une fille de Saint-Vincent.

Grâce à la constatation de nombreux miracles opérés par Dieu sur l'intervention du glorieux martyr, le procès de béatification se poursuivait en cour de Rome. Dix-huit ans auparavant, Grégoire XVI publiait l'introduction de la cause du serviteur de Dieu. Au lendemain de la publication de ce décret, M. Étienne avait adressé à cet effet une demande au saint-siège, et tout avait contribué à la faire accueillir : l'abondance et la valeur des témoignages réunis sur les vertus, les souffrances et la glorieuse mort du serviteur de Dieu, les guérisons miraculeuses obtenues par son intercession et attestées par les dépositions les plus graves, sans compter la faveur non dissimulée du souverain pontife alors régnant, et qui était entièrement acquis par avance aux intérêts soutenus par le digne supérieur de la congrégation de la Mission.

Commencées sous des auspices particulièrement heureux, les premières informations canoniques furent rapidement conduites, et dès 1845 Mgr Rizzolati, vicaire apostolique du Hou-Quan, chargé par le cardinal-préfet de la Congrégation des Rites d'instruire, dans son vicariat, le premier procès sur le martyre du serviteur de Dieu, pouvait annoncer que ce procès était terminé, et qu'il en adressait toutes les pièces au secrétaire de la Congrégation.

Quand ces documents arrivèrent à Rome, Pie IX venait de succéder à Grégoire XVI. Par suite des événements qui troublèrent le commencement du règne du nouveau pape, la Congrégation des Rites ne put s'occuper de cette affaire qu'en 1860. Une nouvelle information canonique fut ordonnée sur les lieux témoins de la vie d'apôtre et du martyre de M. Perboyre. La marche de ce procès subit encore un temps d'arrêt assez long. Enfin, le 31 mai 1881, les éminentissimes cardinaux de la Congrégation des Rites examinaient le premier doute à résoudre, savoir : *Le procès instruit en Chine par les vicaires apostoliques du Hou-Pé et du Hou-Nan est-il valide?* Le décret affirmatif, approuvé par Léon XIII, fut rendu le 2 juin suivant.

En 1884, un des avocats de la cause publiait un mémoire à consulter très détaillé et très important, et dont voici la grave conclusion :

« La vérité du martyre de Jean-Gabriel repose et sur les desseins connus du tyran et sur les dispositions plusieurs fois manifestées de notre Vénérable. En effet, quand M. Perboyre pénétra dans l'intérieur de la Chine, il existait une loi impériale condamnant à mort tous les étrangers qui seraient convaincus d'avoir travaillé à propager le christianisme dans l'empire chinois. Cette loi avait pour auteur l'empereur Kieng-Lung. Des témoins affirment l'avoir lue eux-mêmes dans le code chinois. Cette loi était en vigueur à l'époque où M. Perboyre exerçait son ministère en Chine. De là on doit conclure que, s'il a été condamné à la strangulation, c'est qu'il était chrétien, propagateur de la religion chrétienne et Européen. S'il avait été Chinois, d'après la même loi il n'aurait été condamné qu'à l'exil. Il était d'ailleurs de notoriété publique que le vice-roi qui porta l'arrêt de mort contre M. Perboyre était l'ennemi juré des chrétiens, et que sa cruauté redoublait lorsqu'il avait à les juger.

« Nous devons donc dire avec plusieurs témoins : « C'est pour la foi, c'est uni-« quement en haine de la foi que M. Per-« boyre a été condamné; impossible d'as-« signer un autre motif à sa mort. »

« Si maintenant nous jetons les yeux sur le Vénérable, la vérité du martyre brille encore d'un plus vif éclat. Tous ceux qui ont connu M. Perboyre, en Europe et en Chine, ont la certitude absolue que ce digne serviteur de Dieu n'est allé dans le Céleste-Empire que pour y faire connaître Jésus-Christ et propager sa religion. Le serviteur de Dieu avait souvent exalté le bonheur du vénérable Clet, qui avait été jugé digne de la palme du martyre; il avait souvent exprimé le désir d'être traité comme son heureux confrère, mais il s'estimait indigne de cette belle couronne, et, quoiqu'il eût voulu donner sa vie pour la cause de Jésus-Christ, il ne négligea aucun des moyens dont il devait user pour éviter la persécution. On sait qu'il ne fut pris que parce que son guide le fit connaître aux persécuteurs, en se rendant coupable de la plus infâme trahison.

« En effet, plusieurs témoins, interrogés sur ce point important, attestent que notre Vénérable fit tout ce qui dépendait de lui pour ne pas compromettre les chrétiens en se compromettant lui-même. Il était éclairé, il n'ignorait aucune de ses obligations; aussi toute sa conduite fut-elle éminemment prudente. Il n'omit aucune précaution pour éviter toute démarche qui pût exciter la persécution. Il se dérobait quand il le fallait et exerçait son ministère en cachette; il n'allait guère dans les maisons chrétiennes que la nuit, et ceux qui l'accompagnaient étaient des hommes qu'il croyait dignes de toute sa confiance. En aucun sens on ne peut lui imputer la persécution dont il fut lui-même victime. Toutefois nous savons que notre Vénérable désirait ardemment confesser Jésus-Christ et signer de son sang les vérités de l'Évangile.

« Voilà pourquoi, au milieu des plus horribles souffrances, aux prises avec les tourments les plus cruels, il restait toujours ferme et constant dans sa foi. A toutes les questions, à toutes les sommations des païens, des présidents et du vice-roi, il ne répondit qu'en témoignant de son attachement à notre sainte religion. On le presse de renoncer à Jésus-Christ :

« — Non, répond-il, j'aime mieux mille fois mourir. »

« On veut qu'il foule aux pieds la croix :

« — C'est ce que je ne ferai jamais.

« — Si vous ne le faites, lui dit le juge, je vous ferai mourir.

« — C'est ce que je veux, réplique-t-il ; c'est ma joie de mourir pour ma foi. »

« Après tous ces préliminaires, la Congrégation des Rites examina de nouveau le double « doute du martyre et des signes « célestes ou miracles » ; elle conclut à la validité.

« L'Église attendit encore deux ans pour se prononcer. Enfin, après un nouvel examen minutieusement approfondi de toutes les pièces du procès, le décret de béatification fut promulgué en séance très solennelle, le 25 novembre 1888.

« Voici la mémorable allocution prononcée par le pape Léon XIII en cette circonstance :

« LÉON XIII, PAPE

« POUR LA PERPÉTUELLE MÉMOIRE

« Par leurs œuvres admirables, les pieux missionnaires, disciples de saint Vincent de Paul, se sont acquis une gloire éclatante dans la société chrétienne; mais ils se sont particulièrement illustrés par leur ardeur à propager le catholicisme chez les peuples de la Chine, si bien que le souvenir de leurs travaux et le fruit de leurs efforts ne sauraient périr. En effet, dans l'accomplissement de cette tâche si ardue et si laborieuse, cette congrégation a donné de nombreuses preuves de ce que peuvent le zèle pour la religion et la charité envers le prochain; c'est pourquoi Dieu a daigné se choisir dans ses rangs de belles et agréables victimes qui, à l'éclat de toutes les vertus, ajoutassent la palme triomphale du martyre.

« Cette gloire, Dieu l'a accordée à Jean-Gabriel Perboyre, qui, après avoir pendant près de cinq années travaillé avec une admirable charité à enseigner la doctrine chrétienne aux Chinois, fut enfin livré au supplice et donna de grand cœur son sang et sa vie pour le Christ. Il naquit au hameau du Puech, dans le diocèse de Cahors, le 8 des ides de janvier de l'an 1802. Ses parents, Pierre Perboyre et Marie Rigal, pleins d'attachement pour la religion et de sollicitude pour leur famille, eurent huit enfants, qu'ils formèrent si bien à la piété et à toutes les vertus, que cinq d'entre eux entrèrent en religion et qu'une autre de leurs filles allait les imiter lorsque la mort l'enleva. Mais Jean-Gabriel se distingua entre eux tous, et, dès sa première enfance, fit concevoir de lui les plus grandes espérances. Il est constant en effet que tout jeune, bien différent de ceux de son âge, il fuyait les frivolités et les amusements et ne fit jamais rien de répréhensible; aussi son père, qui élevait des bestiaux, n'attendit pas qu'il eût plus de six ans pour lui confier la garde d'un petit troupeau. Mais Dieu, qui le destinait à paître d'autres brebis, voulut que, deux ans plus tard, ses parents changeassent de résolution à son égard, le fissent revenir des champs et le missent aux mains d'un maître d'école qui devait l'élever et l'instruire.

« On peut imaginer facilement avec quelle ardeur Jean-Gabriel, désireux d'apprendre et de développer son intelligence, s'appliqua à l'étude. Toutefois il ne travailla pas avec plus de soin à augmenter ses connaissances qu'à acquérir des vertus, qui devinrent si éminentes en lui, que tout le monde le regardait comme un saint et l'appelait de ce nom. Ainsi cet excellent jeune homme progressait en piété comme en âge, et l'on pouvait lui appliquer avec une merveilleuse justesse ces paroles du sage : « La voie des justes « est comme une lumière radieuse, et va « croissante jusqu'au jour parfait. » Mais les dispositions de la divine Providence lui ménagèrent bientôt un facile accès auprès de la congrégation de la Mission de Saint-Vincent. Son frère Louis avait quitté la maison paternelle pour se rendre au séminaire de Montauban, où il l'accompagna et où il resta quelques jours; mais ses remarquables facultés frappèrent d'admiration les directeurs et les professeurs du séminaire, qui, le voyant du reste peu désireux de les quitter, ne voulurent pas le laisser partir. Ses parents y ayant consenti quoique à regret, il fut donc reçu avec joie parmi les élèves du séminaire et appliqué d'abord aux lettres, puis à de plus graves études.

« Dans ce genre de travail, si nouveau pour lui, le jeune écolier se montra merveilleusement doué, plein d'ardeur et de persévérance. Réussissant en tout, il s'éleva au-dessus de ses condisciples et dépassa de beaucoup l'attente de ses maîtres. Ses succès en philosophie furent tels, que d'élève il devint professeur ; mais la modestie, gardienne habituelle de la vertu, était si grande en lui, que non seulement il ne se comporta jamais avec hauteur, mais qu'il aimait mieux s'effacer que de briller au milieu de ses condisciples, et qu'il montra toujours cette humilité de sentiments qui est conforme au précepte chrétien : « Aimer à « être ignoré et compté pour rien. »

« Cependant se sentant appelé de Dieu à entrer dans la congrégation de Saint-Vincent-de-Paul, pour lequel il professait dès l'enfance une particulière dévotion, il demanda et obtint facilement d'être admis au nombre des novices. Deux ans plus tard il confirma, en prononçant ses

vœux, le don qu'il avait déjà fait de lui-
même à Dieu, et ce fut cette année même
que le vénérable François Clet eut la gloire
d'être martyrisé en Chine et ravit ainsi à
Jean-Gabriel l'honneur de remporter le
premier la palme. Déjà celui-ci parcourait
en pensée les vastes régions de la Chine
et ne négligeait rien pour se préparer de
son mieux à sa grande mission. Aussi
s'appliqua-t-il avec le plus grand soin
à l'étude de la théologie et des saintes
lettres; il mit en particulier la plus vive
ardeur à approfondir la doctrine de saint
Thomas d'Aquin, dans les œuvres duquel
il aimait à puiser comme à la source la
plus abondante de la science chrétienne.
Il avait acquis déjà un savoir étendu lorsqu'il reçut à Paris, où il résidait, l'ordre
du sacerdoce, le 9 des calendes d'octobre,
c'est-à-dire, ce qui ajouta encore au
transport de sa sainte joie, à la même
date que saint Vincent de Paul. Dès lors,
considérant qu'il ne s'appartenait plus,
mais qu'il était comme la propriété de
Dieu, au service duquel il s'était irrévo-
cablement lié, il résolut de se dévouer

tout entier à la gloire de son Maître et au salut du prochain.

« Entrant avec ardeur dans la voie tracée par le Christ, il s'attacha fermement à ses pas et ne s'en écarta jamais. Son éminente piété, la sainteté de sa vie l'élevèrent à un haut degré de ferveur et d'amour de Dieu, et lorsqu'il était à l'autel, tout absorbé dans la contemplation de ce mystère de la charité divine, quelque chose de céleste respirait sur ses traits et dans toute son attitude. Il n'est donc pas étonnant que ses confrères eussent pour lui la plus grande estime, et que, quoique peu avancé en âge, on lui confiât les fonctions les plus importantes et les plus honorables.

« Mais, depuis longtemps, un grand désir s'était emparé de l'esprit de Jean-Gabriel : celui d'aller évangéliser les nations barbares. Il fit à ce sujet les plus vives instances auprès des supérieurs de sa congrégation, et la divine Providence permit que ses vœux s'accomplissent. Comme sa santé était assez débile, les supérieurs demandèrent l'avis du médecin. Celui-ci déclara qu'un voyage si long, si pénible, exposerait ce jeune homme si délicat à une mort certaine. Jean-Gabriel redouble ses prières et ses larmes, et, comme on était à la veille de la fête de la Purification de la sainte Vierge, il prie, il supplie sa Mère du ciel de lui obtenir d'atteindre enfin l'objet de ses désirs. La Mère de Dieu exauça ses prières. En effet, le médecin, durant la nuit qui suivit sa consultation, ne put dormir et fut tourmenté de scrupules; aussi, dès le point du jour, on le voit revenir, et cette fois il consent au voyage.

« Sans retard, le vaillant héros du Christ quitte, au milieu des larmes de ses confrères, la maison mère de sa congrégation où il ne doit plus rentrer. Il se rend immédiatement au Havre-de-Grâce; là, un vaisseau marchand était prêt à faire voile pour l'Orient. Il s'embarque l'esprit tout rempli, comme il l'écrivit lui-même, du souvenir de son frère Louis, qui, plus jeune que lui et déjà mûr pour le Ciel, était parti de ce même port pour les mêmes rivages et était mort en route.

Il traverse l'Océan sain et sauf, aborde aux plages orientales de la Chine, objet de ses désirs, et, près de Macao, quitte le navire qui l'a amené. De là il se dirige vers la station que Dieu lui a assignée, et, au bout de deux mois, il y arrive sans que les fatigues d'un pénible voyage aient amoindri son courage.

« Se pliant sans hésitation à un genre de vie tout nouveau pour lui, il n'a d'autre soin, d'autre préoccupation que de remplir avec zèle, et sans en omettre aucune, toutes les fonctions de son ministère. L'étendue de sa mission, l'inclémence du ciel, les périls qui menacent sa vie, ne sauraient le détourner de parcourir les chrétientés confiées à sa garde, d'affermir les néophytes dans la foi et de porter le flambeau de la vérité à ceux qui sont assis dans les ténèbres et dans les ombres de la mort. Le jour, la nuit, il est prêt à courir partout où son ministère l'appelle, et ne compte pour rien les fatigues, les veilles et le reste, du moment qu'il s'agit du salut éternel des âmes. Bien plus, comme si tous les labeurs, toutes les souffrances, inséparables de sa situation, étaient trop peu de choses, il s'infligeait encore des tourments volontaires. Il n'habite que les huttes misérables des pauvres, se nourrit d'herbes cuites à l'eau, prend son repos sur des sarments, se flagelle cruellement et porte des ceintures hérissées de pointes de fer. Ajoutons qu'il lui semblait parfois que Dieu lui avait retiré son assistance et que son âme était alors en proie aux plus douloureuses angoisses. Mais, comme autrefois « un « ange apparut à Jésus-Christ pour le « fortifier », ainsi le Sauveur lui-même le rassura dans une céleste vision, et, l'invitant à mettre la main dans la plaie de son côté percé par la lance, il lui rendit courage et ranima sa confiance. Le jour suprême approchait en effet, et l'heure n'était plus éloignée où l'invincible martyr devait donner le dernier témoignage de sa vertu.

« Tout à coup s'élève une violente tempête : le préfet de la province rend un édit de persécution contre les chrétiens et les condamne à la mort. Une consolation vraiment céleste, un honneur sans égal était réservé à Jean-Gabriel par la divine Bonté, qui permit que, au milieu des atroces supplices qu'il eut à endurer, il offrît des traits frappants de ressemblance avec le divin Rédempteur. En effet, lorsqu'à l'approche des ennemis il s'enfuit et chercha un asile dans la forêt voisine, un de ses disciples, émule du traître Judas, le livra pour trente onces d'argent. Lorsque survient la troupe des satellites en fureur, un autre de ses disciples, semblable à saint Pierre, veut tirer l'épée et repousser la force par la force; mais lui, se souvenant de l'exemple du divin Maître, lui ordonne de déposer son arme et se rend aux ennemis. Ceux-ci, imitant la conduite des Juifs envers Jésus, se saisissent de leur prisonnier, le maltraitent, le frappent de leurs épées, et, pour comble d'humiliation, le traînent demi-nu dans une ville remplie de marchands. Sans retard on le conduit au tribunal, et là, les mains liées derrière le dos, il doit répondre à genoux au juge qui l'interroge sur sa patrie et sur sa religion. A peine s'est-il déclaré chrétien, que la foule l'accable d'invectives et d'opprobres; le juge, transporté de colère, ordonne de resserrer ses liens, et, faisant venir un homme que sa cruauté a fait surnommer le Tigre, il le charge de le garder ou plutôt de le faire souffrir. Le jour suivant, les soldats le conduisent à une ville assez éloignée, et il doit faire la route à pied. Mais il se rencontre un imitateur du bon Cyrénéen qui vient au secours du saint missionnaire, mourant de faim, le corps couvert de blessures et prêt à défaillir.

« Après son martyre, Jean-Gabriel, se souvenant de son bienfaiteur, lui apparut miraculeusement, et, lui parlant avec bonté, l'exhorta à embrasser le christianisme et lui obtint de Dieu les célestes récompenses. Mandé au tribunal du préfet militaire, il confessa sa foi, puis, à l'exemple de Jésus, ne répondit plus. Alors on le souffleta, on le flagella cruellement, puis il fut jeté dans la plus horrible prison.

« Toutefois, on peut le dire, ses plus

cruelles souffrances ne furent pas celles qu'il endura dans son corps, mais dans son âme. On lui ordonna de fouler aux pieds l'image de Jésus en croix; il la prit avec respect et la couvrit de ses baisers et de ses larmes. Alors ces hommes infâmes se saisissent de la croix et de l'image de la Vierge Marie, et les profanent par les plus abominables outrages. A cette vue, Jean-Gabriel ressentit une si profonde douleur, qu'on crut qu'il allait expirer. Ce qui le fit aussi cruellement souffrir, ce fut de voir plusieurs de ses disciples abjurer la foi et, à l'instigation de ses juges, lui reprocher ses bienfaits en outrageant notre sainte religion.

« Bafoué, livré comme un jouet à l'insolence de ses bourreaux, jeté dans un cachot plus étroit, son corps est déchiré par les fouets et les instruments de torture, au point que son sang coule à grands flots et que ses chairs volent en lambeaux; un fer rouge le marque au front d'un stigmate d'infamie. Il souffre tous ces divers tourments, il dévore tous ces outrages avec un calme invincible. Enfin, après tant de raffinement de cruauté auxquels durant toute une année il opposa une inébranlable constance, tenant dans les mains une perche sur laquelle on lisait la sentence de mort portée contre lui, en compagnie de cinq scélérats qui allaient expier d'horribles forfaits, il fut conduit au dernier supplice. Le héros semble marcher au triomphe, tant son visage est calme et souriant. Le cou entouré d'une corde, il est attaché à un gibet en forme de croix et met le comble à ses admirables vertus en souffrant le martyre le troisième jour des ides de septembre de l'année 1840, un vendredi, et presque à l'heure même où notre divin Rédempteur expira.

« L'heure, le genre, les circonstances des deux morts se ressemblent, et l'on ne saurait refuser à Jean-Gabriel une place parmi ces bienheureux que Dieu « a con-« nus par sa prescience et qu'il a pré-« destinés pour être conformes à l'image « de son Fils ».

« Grande était déjà la réputation de sainteté de Jean-Gabriel; mais, après son glorieux martyre, elle s'accrut encore et se répandit au loin, et, comme l'Asie, l'Europe célébra ses vertus. C'est pourquoi le souverain pontife Grégoire XVI, de sainte mémoire, approuvant la sentence de la Congrégation particulière des saints Rites, nommée et députée par lui, signa de sa propre main, le 9 juin 1843, la commission d'introduction de la cause du vénérable serviteur de Dieu. Plus tard, par Notre volonté et sur Notre ordre, toutes les enquêtes nécessaires pour porter un tel jugement étant terminées, on commença, dans la Congrégation des cardinaux préposés aux sacrés Rites, à examiner la question de savoir si, d'après les témoignages juridiquement recueillis, le martyre du serviteur de Dieu, la cause du martyre et les signes ou miracles opérés par Dieu à la prière du vénérable Jean-Gabriel étaient constatés.

« Tous ces points ayant été soumis à la plus sévère discussion, à la suite des suffrages exprimés par la sacrée Congrégation, Nous avons, par le décret rendu le 7 des calendes de décembre de l'année dernière, solennellement déclaré que le martyre du vénérable serviteur de Dieu Jean-Gabriel Perboyre, et la cause de son martyre, illustré et confirmé de Dieu par plusieurs signes et miracles, étaient constatés.

« Il ne restait qu'à demander aux cardinaux de ladite Congrégation si, étant approuvés le martyre et la cause du martyre, illustré et confirmé de Dieu par plusieurs signes et miracles, on pouvait sûrement procéder à la béatification du vénérable serviteur de Dieu Jean-Gabriel Perboyre; et les cardinaux, dans l'assemblée générale tenue en Notre présence le 4 des ides de mars de la présente année 1889, répondirent avec un accord unanime qu'on le pouvait en toute sûreté.

« Nous cependant, dans une affaire de si haute importance, Nous différâmes de prononcer Notre jugement, voulant auparavant implorer par de ferventes prières l'assistance du Père des lumières. C'est après l'avoir fait que, dans la solennité de l'Ascension de Notre-Seigneur au ciel, Nous avons enfin décrété qu'on pouvait

sûrement procéder à la béatification solennelle du vénérable serviteur de Dieu
Jean-Gabriel Perboyre.

« En conséquence, Nous rendant aux
prières unanimes de la congrégation de
la Mission de Saint-Vincent-de-Paul, en
vertu de Notre autorité apostolique et
par l'effet des présentes lettres, Nous permettons que le vénérable serviteur de
Dieu Jean-Gabriel Perboyre reçoive dé-
sormais le nom de Bienheureux; que son
corps et ses reliques soient exposés en
public à la vénération des fidèles, mais
non point portés dans les supplications
solennelles, et que ses images soient
ornées de rayons. En outre, toujours en
vertu de Notre autorité apostolique, Nous
concédons qu'en son honneur on dise
chaque année l'office et la messe du Commun d'un martyr, avec les oraisons
propres approuvées par Nous, selon les
rubriques du missel et du bréviaire ro-
main; Nous permettons la récitation de
cet office dans le diocèse de Cahors et
dans toutes les maisons et églises de
ladite congrégation, à tous ceux qui sont

tenus de réciter les heures canoniales, et, pour ce qui est de la messe, Notre permission s'étend à tous les prêtres, tant séculiers que réguliers, qui se rendront dans les églises dans lesquelles on célébrera la fête. Enfin Nous accordons que la solennité de la béatification du vénérable serviteur de Dieu Jean-Gabriel Perboyre soit célébrée dans les églises susdites avec l'office et la messe du rite double-majeur, ce que Nous prescrivons de faire au jour qui sera désigné par l'Ordinaire, dans le délai d'une année après que la même solennité aura été célébrée, *vu les conditions des temps présents*, dans la salle supérieure du portique de la basilique vaticane. Nonobstant les constitutions et ordonnances apostoliques, ainsi que les décrets portés *de non culte* et toutes autres choses contraires. Et Nous voulons qu'aux exemplaires même imprimés des présentes lettres, pourvu qu'ils soient signés de la main du secrétaire de la susdite congrégation et munis du sceau du préfet, on ajoute, dans les discussions même judiciaires, absolument la même foi qu'à ces présentes lettres, expression de Notre volonté, si elles étaient montrées.

« Donné à Rome, près de Saint-Pierre, sous l'anneau du Pêcheur, le 9 novembre 1889, la douzième année de Notre pontificat. »

. . . .

« A la suite de cette lecture, le *Te Deum* fut chanté. »

Nous sommes arrivé à la fin de notre modeste ouvrage. Nous y avons travaillé avec une grande satisfaction.

D'abord parce que nous sommes un respectueux admirateur des fils de Saint-Vincent. C'est la première raison.

La seconde est chère à notre cœur.

A mesure que nous avons écrit cette vie, nous avons pensé :

A notre cher oncle, mort chanoine et vicaire général du diocèse de Clermont, qui fut pendant près d'un demi-siècle le directeur des filles de Saint-Vincent;

A notre sœur bien-aimée, décédée fille de la Charité, supérieure de la communauté de Manson, près Clermont-Ferrand, après trente ans de vocation ;

A notre fille aînée, qui, à notre grande joie, est enrôlée dans la glorieuse phalange des filles de la Charité, sous la bannière de Saint-Vincent.

Que le bienheureux Perboyre veille sur elle, pour qu'elle suive les traces de sa tante. C'est, en finissant, la grande grâce que nous lui demandons.

FIN

TABLE